DISCUSSION

ET

CONTROLE DES BUDGETS

DANS

DIFFÉRENTS PAYS

CORRESPONDANCES DU *COBDEN-CLUB*

ÉDITÉES PAR J.-W. PROBYN

TRADUITES PAR M. MAUBUISSON

PARIS
H. CAGNON, ÉDITEUR
39, QUAI DES GRANDS-AUGUSTINS, 39

VERSAILLES
IMPRIMERIE CERF ET FILS
59, RUE DUPLESSIS

AVANT-PROPOS DU TRADUCTEUR

Depuis près d'un quart de siècle, la progression des dépenses publiques a pris un rapide accroissement chez toutes les nations civilisées; effet inévitable de la transformation de l'Etat en matière de crédit et d'échange, elle trahit l'ambition nouvelle qui s'est emparée des sociétés et les pousse à exalter leurs facultés progressives. Aucun pays ne peut plus, sans danger pour son influence et sa prospérité intérieure, rester en arrière des autres sous le rapport des voies de communication et de l'outillage des fabriques et usines.

Toutes les nations, entrainées également à faire triompher leur prépondérance par les déploiements de l'appareil guerrier, ont essayé tour à tour de la voie des armes et ajouté aux difficultés d'une transformation industrielle celle d'une politique de conquêtes. Par suite de cette situation, les populations ont été écrasées d'impôts, le travail et l'industrie ont été entravés, l'Europe est devenue un immense camp armé, ainsi que le constate un document que nous empruntons à un journal allemand, et que nous publions ci-après :

Cet état de choses préoccupe à juste titre les économistes et les hommes d'Etat, et c'est sous l'empire de cette préoccupation que le « Cobden-Club », à l'instigation de M. Bright, a consulté ses membres étrangers sur les moyens employés dans les autres Etats pour discuter, contrôler et limiter les budgets. Il a provoqué des réponses à une série de questions formulées dans une lettre-circulaire.

Un éditeur, M. J.-W. Probyn, a réuni les réponses et les a publiées. La lecture de ces documents nous a donné lieu de penser qu'il y aurait quelque utilité à les faire connaître en France, et nous en offrons une traduction (1).

Comme les questions proposées par le « Cobden-Club » n'avaient pour but que de donner des renseignements aux économistes anglais, ces documents ne contenaient rien sur le mode de procéder en Angleterre, en ce qui concerne la confection, la discussion et le contrôle des budgets. Nous avons cru devoir essayer de les compléter le plus exactement possible, dans la même forme. Ce complément est d'autant plus intéressant qu'il présente un mode de confection du budget autre que ceux en usage dans d'autres pays de régime parlementaire, et qu'il met ainsi en présence trois systèmes différents :

Celui pratiqué en France, et ceux pratiqués en Angleterre, et dans les Etats-Unis d'Amérique.

En France, le budget est l'œuvre conjointe du Gouvernement, de la commission parlementaire des finances qui a pris dans ces derniers temps une influence prépondérante ; enfin, de la législature.

En Angleterre, le budget est l'œuvre du Gouvernement seul, on peut même dire du ministère seul. La Chambre basse n'a aucun droit d'initiative, toute proposition de dépense ou de recette doit venir du ministère ; dans le langage parlementaire on dit : de la Couronne, quoiqu'on n'y sente jamais l'intervention du souverain ; d'autre part, aucune dépense ne peut être faite sans avoir été votée par le Parlement.

Aux Etats-Unis d'Amérique, au contraire, le budget fédéral est surtout l'œuvre de la Chambre des Députés.

---

(1) Des articles de revue ont entretenu le public de cette correspondance, et notamment le *Journal des Economistes* dans le numéro de septembre 1877.

Les budgets sont dressés par une commission permanente parlementaire, sur les notes remises à cette commission par les chefs des départements ministériels, et des grandes directions administratives. On sait, en effet, qu'aux Etats-Unis les ministres n'ont pas droit d'entrée dans les Chambres. Les demandes de crédit doivent passer par l'intermédiaire de la commission, ou être proposées par un membre de la Chambre des Députés.

Ces trois systèmes, si différents, peuvent être expliqués brièvement par la différence des constitutions politiques.

En France, le ministère qui, au point de vue parlementaire, doit être pris dans la majorité politique, est aussi responsable devant le chef de l'Etat, monarque ou président. En Angleterre, le ministère est, d'une manière absolue, le représentant de la majorité qui domine dans la Chambre des Communes, et celle-ci est assurée qu'il ne proposera rien qui soit contraire à ses vues. En réalité, la Chambre des Communes exerce le pouvoir exécutif par ses délégués directs. Aux Etats-Unis, le ministère est tout à fait l'agent du Président de la République, il n'a aucune autorité dans le congrès. Aux Etats-Unis, il n'y a aucune responsabilité ministérielle.

La publicité donnée à des aperçus, même très limités, sur un point spécial comme celui qui fait l'objet de cette correspondance, est une œuvre utile, elle permet une recherche plus approfondie des moyens de soumettre les dépenses publiques à un sérieux examen, elle stimule l'étude du droit public étranger, étude longtemps négligée en France, et qui est devenue plus nécessaire, et en même temps plus facile par la multiplicité et la facilité des relations entre les nations.

Le journal allemand, dont nous avons parlé plus haut, publiait récemment des états comparatifs des budgets des différents Etats de l'Europe en 1865, à la veille de

Sadowa, et, en 1879, au lendemain des traités de San Stephano et de Berlin. Les chiffres suivants ne comprennent ni les frais de perception des impôts et revenus directs ou indirects, ni les frais d'exploitation des industries monopolisées par l'Etat, tels que chemins de fer, mines, etc.

Etats.	Dépenses en 1865. (Millions de francs.)	Dépenses en 1879. (Millions de francs.)
Allemagne	796	1,651
Autriche-Hongrie	1,300	1,631
France	2,363	2,980
Grande-Bretagne	1,688	2,138
Russie	1,290	2,688
Italie	907	1,412
Espagne	656	752
Pays-Bas	185	255
Belgique	170	271
Danemark	37	57
Suède	53	113
Norwège	27	70
Portugal	112	175
Grèce	26	54
Turquie	339	456
Suisse	19	43
	9,668	14,646

Un peu moins de 10 milliards en 1865, tout près de 15 milliards en 1879. Si les chiffres du journaliste allemand sont exacts, la France qui, sous les rapports de la population, vient après la Russie, l'Allemagne, l'Autriche-Hongrie, dépasse de beaucoup chacun de ces trois empires pour son budget.

Le tableau suivant présente, d'après la même source, ce que coûtèrent aux mêmes époques de 1865 à 1879, aux mêmes puissances européennes leurs armées de terre et de mer en temps de paix :

Etats.	Dépenses en 1865. (Millions de francs.)	Dépenses en 1879. (Millions de francs).
Allemagne	247	534
Autriche-Hongrie	288	279
France	445	675
Grande-Bretagne	675	806
Russie	547	913
Italie	289	231
Espagne	150	150
Pays-Bas	46	74
Belgique	36	48
Danemark	11	22
Suède	20	32
Norwège	9	14
Portugal	25	45
Grèce	8	15
Turquie et dépendances	135	172
Suisse	9	14
	2,940	4,024

Moins de trois milliards par an en 1865, plus de quatre milliards en 1879.

Mais ce n'est pas tout, on se tromperait, on commettrait une singulière erreur, si l'on croyait pouvoir obtenir le montant total des dépenses militaires de l'Europe, de 1865 à 1879, en multipliant par 14, une somme moyenne entre trois ou quatre milliards. C'est là le budget de la guerre en temps de paix ; or, les luttes sanglantes de 1866, 1870 et 1877 ont exigé d'autres sacrifices.

Pour en retrouver la trace, il faut comparer les dettes nationales aux mêmes époques :

Etats.	Dépenses en 1865. (Millions de francs.)	Dépenses en 1879. (Millions de francs.
Allemagne	3,206	5,500
Autriche-Hongrie	7,737	10,531
France	13,800	20,625
Grande-Bretagne	20,212	19,456
Russie	5,200	15,000
Italie	4,575	10,212
A reporter	54,730	81,324

Report.......	54,730	81,324
Espagne................	3,125	5,250
Pays-Bas..............	2,030	2,175
Belgique...............	625	1,555
Danemark..............	238	256
Suède.................	112	300
Norwège..............	47	131
Portugal...............	1,000	2,063
Grèce.................	181	500
Turquie et dépendances....	1,205	6,775
Suisse................	4	35
	63,297	100,164

Ainsi, d'après cette statistique, quatorze années auraient suffi pour porter de 63 milliards et demi à 100 milliards la Dette collective des peuples de l'Europe, c'est une moyenne d'augmentation de 3 milliards par année, à laquelle les dépenses militaires ont certainement contribué pour la plus forte part.

CORRESPONDANCES

RELATIVES AUX BUDGETS DE DIFFÉRENTS PAYS

INTRODUCTION DE L'ÉDITEUR

Les charges publiques du Royaume-Uni se sont accrues, pendant le dernier quart du siècle, de 52,000,000 sterling environ, jusqu'à avoir presque atteint 80,000,000 sterling. Ce fait a engagé le comité du *Cobden-Club* à rechercher s'il n'y avait pas de moyens d'assurer un contrôle plus efficace sur les dépenses du Gouvernement. Le comité adressa donc une lettre-circulaire aux hommes d'Etat des différents pays, afin de connaître quels étaient les moyens de contrôle établis pour agir sur la politique financière de leurs gouvernements. Les réponses qui ont été reçues n'ont pas été, jusqu'à présent, mises sous les yeux du public. Elles ont été données par des hommes ayant la connaissance des affaires de leur pays respectif, au courant des questions économiques et désireux de renfermer les dépenses de l'Etat dans des limites raisonnables.

Les questions adressées par le comité à ses correspondants étrangers étaient les suivantes :

I. Le gouvernement, soit au commencement, soit à une époque quelconque de la session de la législature, expose-t-il en détail les articles proposés pour la dépense pendant l'année courante ? Ou de quelle autre manière ces propositions de dépenses sont-elles soumises à l'examen de la législature ?

II. Est-ce l'habitude des membres de la législature de discuter en pleine assemblée les articles de dépenses proposés ? Ou des mesures sont-elles prises par la nomination de comités de la législature, ou autrement pour examiner les articles de dépense proposée ?

III. Est-ce la coutume de la législature de diviser les propositions de dépenses sous plusieurs titres représentant les principaux départements des services publics, et les dépenses ainsi divisées sont-elles soumises à l'examen de comités séparés ?

IV. Si cet examen du détail des dépenses proposées est fait par des comités nommés à cet effet, les décisions de ces comités, en ce qui concerne les réductions des dépenses, sont-elles soumises à la révision du gouvernement ou de l'assemblée ?

V. Si ces comités sont nommés par le Corps législatif, quelles mesures prend-on pour assurer leur indépendance d'action ?

VI. A défaut de nomination de comités, la législature a-t-elle adopté d'autres moyens spéciaux pour modérer ou contrôler les propositions du gouvernement en ce qui concerne les dépenses publiques ?

VII. L'expérience a-t-elle montré que le but poursuivi par le Corps législatif, dans l'examen des articles de dépenses proposées, pour les services militaires, maritimes ou civils, a eu pour résultat de réduire les charges appuyées par le gouvernement ou de réprimer les abus dans l'administration ?

Signé : Thomas Bayley-Potter,
(Hon. Sec. du club Cobden.)

Les lettres reçues en réponse à ces questions sont publiées en entier. La méthode employée pour cette publication est celle de l'ordre alphabétique des différents Etats. Ceci a été fait en vue de faciliter les recherches. Dans la plupart des cas, les lettres sont précédées d'un sommaire sur la manière dont le budget est discuté et voté par le gouvernement de chaque pays (1).

On espère que, de cette façon, le lecteur aura les faits sous les yeux, de manière à pouvoir les étudier avec facilité et se former une opinion sur les importantes questions qui se rapportent au contrôle des dépenses publiques.

J. N. PROBYN.

---

(1) On a conservé dans la traduction de ce travail les sommaires dont il est question quoiqu'ils paraissent souvent n'être que la répétition des renseignements donnés dans chacune de ces lettres.

N. du Tr.

AUTRICHE

SOMMAIRE

Le ministre des finances d'Autriche doit mettre sous les yeux du Reichsrath (Parlement) les propositions du budget pour l'année suivante, accompagnées d'un exposé détaillé des voies et moyens.

Quand le budget est présenté, la Chambre forme un comité de finances de trente-six membres, pris dans les trois cent soixante qui composent la Chambre. Cette commission divise les dépenses sous plusieurs titres, représentant les principales branches des services publics, elles sont soigneusement examinées par les membres spécialement désignés pour porter leur investigation sur tous les articles de leurs départements respectifs. Les différentes propositions sont votées à la majorité et le comité présente son budget à la Chambre. La Chambre a tout pouvoir d'accepter ou de rejeter les propositions du comité; mais, habituellement, elle les accepte. Il n'y a pas de résolution de la Chambre entière en comité, comme dans le Parlement anglais, mais les séances du comité des finances sont ouvertes aux membres du Reichsrath. Les décisions de ce comité ne sont pas soumises à la révision du Gouvernement, mais chaque ministre défend et explique le budget de son département devant le comité.

Une commission permanente pour le contrôle de la Dette publique, élue parmi les membres des deux Chambres, exerce une surveillance sur les propositions et l'emploi de la dépense nationale quand le Reichsrath n'est pas en session.

Le Gouvernement met chaque année sous les yeux du Reichsrath un exposé exact de l'administration et de l'emploi des sommes votées pendant l'année précédente. Cet exposé est examiné avec le même soin que le budget lui-même.

Le baron Max von Kübeck, le signataire de la lettre suivante, certifie les bons effets produits par le système parlementaire pour diminuer les dépenses du Gouvernement et son avantage pour régulariser les affaires économiques et financières de la Monarchie.

Lettre du baron Max von Kübeck, membre du Reichsrath autrichien.

Vienne, septembre 1876.

Monsieur,

Je réponds à votre lettre-circulaire imprimée de juin 1876, et d'abord je vous prie d'excuser le retard que j'ai mis à satisfaire à votre demande, par suite d'un voyage de deux mois fait en Amérique, et dont je suis revenu tout récemment. Afin d'entrer de suite dans ce qui fait l'objet de votre circulaire, et des questions qui y sont contenues, j'ai l'honneur d'exposer les points suivants :

I. Le Gouvernement Autrichien, c'est-à-dire le ministre des finances doit, conformément à la Constitution, chaque année, dans l'une des premières séances de la session, mettre sous les yeux des deux Chambres du Reichsrath (Parlement) le budget pour l'année suivante. Il fait accompagner sa présentation d'un exposé détaillé des dépenses, des voies et moyens qui doivent y faire face, et d'une analyse des articles les plus importants du budget.

II et III. Aussitôt que le budget a été présenté à la

Chambre, celle-ci élit un comité des finances, composé de trente-six membres, parmi les trois cent soixante qui forment la Chambre. Ce comité divise la dépense en plusieurs titres, représentant les principaux départements des services publics, et les distribue entre différents rapporteurs. Ceux-ci étudient avec le plus grand soin les différents articles de chaque département respectif, et font leurs propositions au comité qui, en assemblée close, examine les propositions de ses rapporteurs, vote à la majorité et présente alors à la Chambre le budget ainsi librement discuté et mis en rapport avec la situation économique du pays. La Chambre a naturellement le droit d'accepter, de rejeter ou de modifier les propositions du comité. Mais ordinairement elle donne son assentiment.

Ce n'est pas l'habitude de la législature en Autriche, comme dans le Parlement anglais, de former la Chambre entière en comité, parce que nous regardons comme difficilement possible d'avoir un budget d'environ 400,000,000 de florins de dépenses bien et soigneusement examiné dans une si nombreuse assemblée. Mais les séances du comité des finances sont publiques pour tous les membres, ce qui est une exception à la règle généralement observée en Autriche.

Ce n'est pas la coutume chez nous de renvoyer les divisions de la dépense à l'examen de sous-commissions, mais cela peut être fait dans quelques cas, à titre d'exception.

IV. Les décisions du comité des finances concernant une réduction des dépenses ne sont pas du tout soumises à la révision du Gouvernement ; mais ce dernier, pour coopérer avec la législature à la fixation du budget, doit exposer et défendre les propositions du Gouvernement dans les comités aussi bien que dans la Chambre ; c'est pourquoi le ministre du département que la dépense concerne et qui est discutée dans la séance du comité doit être présent, et le comité, en cas d'absence du ministre, doit remettre la discussion du budget de son département jusqu'à ce qu'il puisse se présenter.

V. La loi constitutionnelle sur la responsabilité du ministère dans son entier, et de chaque ministre en particulier, devant la législature, et surtout la haute loyauté de notre souverain, ont toujours paru une garantie et une sauvegarde suffisantes de l'indépendance d'action des comités nommés par le pouvoir législatif.

VI. En vue du contrôle des propositions et de la gestion du Gouvernement en ce qui concerne les dépenses nationales, quand le comité ne siège pas, c'est-à-dire quand le Reichsrath n'est pas en session, il y a un comité permanent ou une commission pour le contrôle de la Dette publique, nommé et choisi, d'après la loi, parmi les membres des deux Chambres ; cette commission doit être renouvelée de temps en temps. En outre, le Gouvernement est obligé chaque année, quand le budget est présenté, de mettre sous les yeux de la Chambre un compte exact pour l'année précédente de l'emploi des sommes allouées par le budget légalement voté, et dans les limites fixées. Ce compte est examiné par la commission avec autant de soin que le budget, il est porté devant la Chambre avec une proposition d'approbation ou de blâme, afin qu'elle prenne une résolution sur tout ou partie, en indiquant les irrégularités qui devront être évitées à l'avenir.

VII. Il n'y pas le plus petit doute que depuis l'adoption de la pleine liberté parlementaire en Autriche-Hongrie (depuis quatorze ans passés), le plus sérieux résultat a été obtenu pour la diminution des charges proposées par le Gouvernement, et la limitation des abus d'administration. Je suis fier et heureux de dire que peut-être peu d'institutions parlementaires aussi récentes que le Reichsrath d'Autriche, pour la partie occidentale de la monarchie, que le Reichstag de la Hongrie, pour la partie orientale, et que les délégations des deux Parlements, pour la direction des affaires communes (1), telles que la diplomatie, l'armée, la marine, la Dette publique de l'Etat Austro-Hongrois, ont fonctionné avec autant de succès et d'utilité pour la bonne gestion économique et financière de la monarchie.

J'espère avoir pleinement répondu aux questions de votre circulaire.

Je suis,...

Bon Max KÜBECK.

Conseiller de légation I. and R., membre du Reichsrath autrichien et membre hon. du C. C.

---

(1) C'est l'acte de 1867 qui est en ce moment la source du droit public de l'Autriche-Hongrie. Aux termes de ce compromis intervenu entre les deux parties de l'Empire austro-hongrois, représenté par leurs parlements respectifs, les contrées réunies sous le sceptre de la maison de Hapsbourg forment deux monarchies distinctes, possédant leur autonomie et reliées seulement entr'elles par quelques liens d'intérêt commun. Ces deux monarchies prennent l'une le nom de *Cisleithanie* (pays situés au-deçà de la Leithan). plus habituellement connue sous le nom d'Autriche, ayant la ville de Vienne pour capitale. Le Parlement s'appelle le Reichsrath et est composé de deux Chambres, la première Chambre dite *herrenhaus*, Chambre des seigneurs, la seconde dite *abgeordnetenhaus*, Chambre des députés ; l'autre monarchie prend le nom de *Transleithanie* (pays au-delà de la Leithan), plus généralement connue sous le nom de Hongrie, ayant la ville de Pesth-Bude pour capitale. Le Parlement y a conservé de nom de *Reichstag*, *Diète ;* il est également divisé en deux Chambres, la première est celle des magnats, la seconde est la Chambre des représentants. Enfin, les affaires communes aux deux monarchies sont traitées dans les délégations élues par les assemblées de l'Autriche et de la Hongrie, délégations réunies en cas de désaccord. On a donné le nom de *dualisme* à ce système de monarchie double.

N. du T.

BELGIQUE

SOMMAIRE

I. Le Gouvernement doit soumettre le budget à la Chambre des députés, au moins dix mois avant le commencement de l'année financière commençant en janvier et finissant au 31 décembre (1). Ainsi, le budget proposé pour 1877 était soumis à la Chambre dès le 1er mars 1876, ou même avant cette époque. On agit ainsi afin de donner un ample délai pour l'examen et la discussion des propositions du Gouvernement. Le budget général est divisé en autant de budgets spéciaux qu'il y a de ministères.

Chaque ministre prépare son propre budget spécial,

(1) L'année financière est la période de temps pour laquelle est voté le budget. Cette période est appelée en France *exercice*. L'art. 4 du décret du 31 mai 1862 la définit : la période d'exécution des services d'un budget. En Angleterre, Autriche, Belgique, Italie, Hollande et Prusse, la durée de l'exercice est d'une année, elle est de trois ans en Suède. Cette durée variait beaucoup dans les États secondaires de l'Allemagne, elle était de sept ans en Bavière, de quatre ans dans la Saxe, le Wurtemberg, le grand-duché de Hesse, le Brunswick, de deux ans pour Bade. La constitution du nouvel Empire d'Allemagne a modifié cet état de choses. Dans les Etats représentatifs, cette période correspond d'ordinaire à la réunion des Assemblées. Cependant en Bavière où la Diète s'assemble tous les trois ans, le budget est voté pour sept ans. Le commencement de la période n'est pas non plus fixé uniformément, habituellement on la fait concorder avec l'année ordinaire. Dans certains Etats, elle est distincte comme en Angleterre et en Danemark où elle commence le 1er avril ; en Portugal et aux Etats-Unis le 1er juillet ; en Autriche et en Bavière le 1er novembre.

N. du Tr.

le ministre des finances les met en ordre et les présente à la Chambre.

En février 1848, un décret royal a établi la forme que le budget devrait avoir. Le total des crédits demandés est mis en ordre, et divisé de manière à faciliter l'examen du budget. Les dépenses relatives au personnel du Gouvernement sont mises à part de toutes les autres. On empêche ainsi le Gouvernement d'appliquer à l'augmentation du traitement les sommes votées en vue des autres dépenses. On obtient aussi une connaissance plus exacte des actes et des projets ministériels.

II. Chaque année, au commencement de la session, la Chambre est divisée en six sections, chaque section examine les différents budgets et nomme un rapporteur. Les rapporteurs des différentes sections se réunissent et forment une section centrale ou assemblée qui nomme un de ses membres pour faire le rapport devant la Chambre. Le rapport est imprimé et distribué à une époque convenable pour permettre aux membres de la Chambre de prendre connaissance de ce rapport avant la discussion générale. La discussion générale a d'abord lieu sur l'ensemble du budget, et, ensuite, chaque article est examiné à son tour.

Les budgets, après avoir été votés par la Chambre, sont envoyés au Sénat où ils sont d'abord examinés et discutés par une commission de cette assemblée nommée dans ce but. Cette commission désigne un de ses membres pour rédiger le rapport. Le Sénat procède ensuite à l'égard du budget comme l'a fait la Chambre.

III. Ainsi qu'on l'a vu, la dépense est divisée sous plusieurs titres, représentant les principaux départements des services publics, chaque division de la dépense étant renvoyée, pour l'examen, à différents comités ou sections avant que les budgets soient soumis à la Chambre.

IV. Chaque section peut proposer des amendements au budget, ou le rejet des propositions qui y sont faites, la section centrale prend ces propositions en considération, consulte le ministre si elle le juge nécessaire, et finalement décide si on soutiendra ou non devant la Chambre les modifications proposées. La Chambre, après débats, décide si elle accepte ou rejette toute proposition faite par la section centrale.

De même, le Sénat peut amender ou rejeter toute proposition envoyée par la Chambre basse ; mais aucune dépense nouvelle, aucune nouvelle source de revenus ne peut être proposée par la Chambre haute. Les propositions de cette nature peuvent seulement venir de la Chambre basse.

V. Le régime parlementaire donne par lui-même toutes les garanties pour l'indépendance des sections. Un ministre peut refuser de donner des explications, mais il doit justifier sa conduite devant la Chambre et devant le Sénat ; la décision des sections est seulement provisoire, le Gouvernement peut la combattre, les Chambres seules rendent la décision finale.

VI. La loi et les règlements de la Chambre veulent que le budget soit soumis aux sections de la Chambre. Ce n'est que dans des cas extrêmes, mais qui se présentent très rarement, en supposant même qu'ils se présentent, que la Chambre peut soumettre l'examen du budget à une commission spéciale nommée par l'assemblée.

Une cour des comptes instituée par une loi d'octobre 1846 est chargée de l'examen et de la liquidation des comptes de l'administration. Elle veille à ce qu'aucune dépense n'excède les crédits alloués par la législature ; à ce qu'aucune dépense ne soit transportée d'un chapitre à un autre ; elle peut demander tous les documents nécessaires. Tout sénateur comme tout député a le droit d'examiner les dossiers de la Cour des Comptes. La Cour est composée d'un Président, de six Conseillers, d'un Secrétaire nommé par la Chambre pour six ans. Chaque année, la Cour fait un compte-rendu de ses opérations aux deux Chambres, il est imprimé et distribué. Aucun paiement ne peut être fait par le Trésor sans l'autorisation de la Cour des Comptes. Le budget, dans la forme où il a été définitivement voté, est examiné non par les sections, mais par une commission spéciale élue au commencement de chaque session.

VII. On trouverait difficilement un système plus complet de contrôle financier que celui dont les traits principaux viennent d'être présentés d'une manière sommaire. Cependant les dépenses croissent, non peut-être dans la même mesure que l'augmentation de la richesse du pays, mais certainement beaucoup plus que l'accroissement de la population.

Ainsi en 1835, la dépense était de 87.104.005 fr. La population de 3.896.000 ;

En 1875, la dépense était de 256.000.000. La population de 5.336.000 ;

En 1835, la dépense par tête était de 22 fr. 35 ;

En 1875 de 48 fr.

Quand le budget a été voté, le contrôle de la dépense est assuré jusque dans ses plus minutieux détails. Les lois et règlements concernant les comptes de l'Etat, les recettes et les dépenses sont des modèles de bonne organisation financière qui font honneur à la Belgique.

Lettre de M. Fisco, directeur général de l'administration des Contributions directes, douanes et accises (Bruxelles).

Monsieur,

Pour satisfaire à votre désir, j'ai l'honneur de répondre aux questions que vous m'adressez dans la lettre de juin 1876. J'espère que ces explications vous donneront satisfaction, s'il n'en est pas ainsi, je vous prie de m'indiquer les points sur lesquels vous voudriez de plus amples détails.

Signé : FISCO.

Bruxelles, 15 juin 1876.

I. Aux termes de l'article 115 de la Constitution, le budget est voté chaque année par les Chambres législatives ; toute dépense doit y être établie.

Le Gouvernement est obligé de présenter le budget à la Chambre des députés dix mois au moins avant l'ouverture de l'année financière qui commence le 1er janvier et finit le 31 décembre. Cette règle a été établie pour donner à la Chambre le temps de juger les demandes faites. Il est clair qu'un travail aussi étendu que celui d'un budget qui embrasse toutes les branches d'administration doit être soumis aux représentants du pays quelques mois avant sa discussion dans les comités.

Le budget général est divisé en autant de budgets spéciaux qu'il y a de départements ministériels. Ces budgets sont composés de tout ce qui concerne le ministre de la justice, des affaires étrangères, le ministre de l'intérieur, ceux des finances, de la guerre, des travaux publics. Chaque ministre prépare son budget spécial en réunissant tous les besoins de son département ; ces divers budgets sont ensuite coordonnés par le ministre des finances, qui doit les présenter à la Chambre des députés. Un décret royal du 1er février 1848 a réglé, entre autres choses, la forme des budgets. Conformément à ce décret, le budget de chaque département doit être accompagné de deux tableaux; l'un résume, article par article, le montant des crédits demandés ; l'autre développe les articles en plusieurs subdivisions dans le but d'éclairer la Chambre sur les crédits demandés ; des notes explicatives sont en outre ajoutées, quand la nature des différents services administratifs le demande. Le budget et ses développements présentent les dépenses pour chaque branche des services publics. Par ce moyen, les dépenses concernant le personnel (c'est-à-dire ce qui regarde les fonctionnaires) de l'administration ne peut être mêlé aux dépenses concernant les besoins matériels, en sorte que le Gouvernement est empêché de prendre sur les crédits affectés à ces derniers pour augmenter les traitements des premiers. On donne ainsi une connaissance plus claire des actes des ministres quand les propositions financières viennent en discussion ; le budget de chaque département est précédé d'une note qui explique sommairement toutes les parties du projet et spécialement les demandes d'augmentations de dépenses.

II. Les budgets et toutes les pièces qui en dépendent sont imprimés et distribués dans les différents comités, en sorte qu'ils peuvent y être discutés conformément au règlement de la Chambre. Chaque année, au commencement de la session législative, la Chambre des députés est divisée en six comités. Chaque comité examine les budgets et nomme un rapporteur. Ces rapporteurs sont réunis en comité central par le Président ou par l'un des vice-présidents de la Chambre. Ce comité central nomme un de ses membres pour faire un rapport à la Chambre.

Le rapport du comité central est imprimé et distribué dans un temps suffisant pour permettre aux membres de la Chambre d'en prendre connaissance avant que la discussion commence dans la Chambre.

La discussion en pleine assemblée de la Chambre, à la suite de la présentation du rapport par le comité central, porte d'abord sur le budget en général, et ensuite sur chacun de ses articles. Chaque budget est examiné et discuté par les sections et ensuite en pleine Chambre, comme cela a été dit.

Les budgets ayant été votés par la Chambre des députés sont transmis au Sénat où ils sont d'abord examinés, et ensuite discutés par une commission *ad hoc*, choisie par le Sénat parmi ses membres.

Cette commission, appelée commission de finances, charge un de ses membres de présenter le rapport au Sénat, où tout se passe comme on l'a dit, à l'égard de la Chambre basse.

III. La réponse à cette question a déjà été faite.

IV. V. VI. Quand la discussion des différents budgets par les comités donne lieu à des propositions de réduction ou d'augmentation, celles-ci ou toute autre proposition sont examinées par le comité central qui soumet au Gouvernement les observations qui lui paraissent convenables. Le rapport mentionne les propositions des comités et la résolution du comité central, il fait connaître aussi les réponses des Ministres, et le tout est examiné et discuté par la Chambre entière.

Quelquefois, il arrive que les propositions des commissions sont approuvées et admises par la Chambre et que les budgets sont modifiés conformément à ces propositions, quelquefois la Chambre elle-même réduit ou augmente, de son plein gré quelques parties de l'un des budgets.

Toute demande de crédit qui dépasse le budget autorisé doit être soumise aux mêmes mesures de contrôle que le budget lui-même.

L'article XVI de la loi concernant les comptes de l'Etat défend aux ministres de faire aucune dépense au-delà du crédit alloué pour chacune d'elle, ils n'ont même pas le droit d'augmenter, par aucune source particulière, le montant du crédit accordé à chacun de eurs services.

Il est à peine nécessaire d'ajouter que les comités de la Chambre des députés et la commission du Sénat jouissent de la plus complète indépendance pour l'examen et la discussion des propositions du budget.

VII. Il serait difficile d'établir un plus sévère contrôle

que celui qui a été indiqué plus haut dans ses traits essentiels.

Les réponses faites aux différentes questions formulées montrent que la dépense de l'Etat est soumise au plus minutieux examen de la législature qui ne donne son assentiment que quand la nécessité de la dépense est suffisamment démontrée. On doit en outre remarquer qu'une expérience fondée sur près de cinquante années n'a révélé aucun inconvénient sérieux, résultant de ce système de contrôle, et n'a également révélé aucun abus dans ce même laps de temps.

D'un autre côté, il résulte des statistiques publiées par le Gouvernement que la dépense générale de l'Etat et plus spécialement celle afférente aux différents services augmente chaque année dans une proportion relativement assez faible et certainement inférieure à l'accroissement du produit des *taxes*.

Lettre de M. Auguste Couvreur, secrétaire de la Société d'Economie politique, Bruxelles.

Monsieur,

En réponse à votre circulaire du 28 de juin, je suis heureux de pouvoir vous donner les renseignements suivants. Notre loi du 15 mai 1846 touchant la comptabilité de l'Etat oblige le Gouvernement à présenter le budget des recettes et des dépenses publiques au moins dix mois avant l'ouverture de l'année financière (l'exercice) à laquelle se rapportent les recettes et les dépenses, l'année financière commence le 1er janvier et finit au 31 décembre de la même année, le compte du budget de 1877 doit donc être présenté à la Chambre à la fin de février 1876. (Réponse à la première question.)

Le budget est discuté dans tous ses détails, comme toute autre loi, conformément aux règlements de la Chambre. Il est donc examiné dans la Chambre des Députés par les comités établis dans ce but. Chaque comité discute chaque article du budget et nomme un rapporteur. Les rapporteurs des six sections réunies forment un comité central présidé par le président ou un des vice-présidents de la Chambre. Après discussion du budget, un rapporteur est choisi qui classe et résume les opinions émises, et les conclusions qui ont été adoptées. Ce rapport est approuvé et imprimé, après quoi il est discuté en pleine Chambre; la discussion de chacun des différents articles du budget suit la discussion générale.

La même procédure a lieu devant le Sénat avec cette différence, qu'au lieu de comités on nomme des commissions permanentes au commencement de la session, il y a autant de commissions qu'il y a de départements ministériels, chaque commission examine la partie du budget qui la concerne, et fait un rapport en conséquence.

Dans la Chambre des Députés les comités sont tirés au sort chaque mois.

Les discussions du budget durent plusieurs mois surtout à la Chambre basse; le droit de proposer des amendements est exercé dans tous les cas, même en ce qui concerne certaines matières, comme les dépenses de l'armée, qui sont réglées par des lois ordinaires. Il est toutefois très rare que la Chambre modifie les lois par des changements au budget: la question préalable pourrait être opposée avec succès à un amendement de cette nature si le cas se présentait. (Réponse à la seconde question.)

Le budget est divisé en autant de parties qu'il y a de ministres. Chaque partie est traitée et promulguée comme une loi séparée, il n'y a pas de discussion générale sur le budget considéré comme un tout, à moins que la discussion sur les voies et moyens (département des finances) ne doive être considérée comme telle. (Réponse à la troisième question.)

Le comité central de la Chambre, ou la commission permanente du Sénat adresse, par le moyen de leurs rapporteurs, des questions aux ministres, les examine, prend des résolutions qui sont discutées en pleine Chambre, les décisions du comité central et de la commission permanente sont défendues par leurs membres respectifs, ou leurs rapporteurs. (Quatrième question.)

Les garanties pour assurer l'indépendance des comités découlent de l'autorité parlementaire, le ministre peut refuser tout renseignement ou toute explication, mais sous la condition de justifier sa façon d'agir devant la Chambre ou le Sénat. Les décisions des comités ne sont que des avis préalables (préavis). Le Gouvernement peut les rejeter. La décision finale reste à la Chambre et au Sénat. (Cinquième question.)

Une Cour des comptes, instituée par une loi d'octobre 1846, est chargée de l'examen et de la liquidation des comptes de l'administration générale, et de quiconque est responsable envers le Trésor, elle veille à ce qu'aucun détail de dépenses ne soit dépassé; ou qu'il n'y ait aucun transport d'un crédit à un autre (virement). Elle peut demander tous les renseignements dont elle a besoin concernant les recettes ou les dépenses de l'Etat ou des provinces.

Chaque député ou sénateur a le droit de se faire présenter et d'examiner les dossiers de la Cour des comptes. La Cour est composée d'un président, de six conseillers et d'un secrétaire. Ils sont nommés pour six ans par la Chambre qui peut en tout temps leur retirer leur commission et qui peut aussi les réélire. Ils sont généralement pris dans les bureaux de la Cour, ou parmi les anciens fonctionnaires du département des finances, ou parmi les anciens députés. Chaque année la Cour présente à la Chambre un compte rendu de ses opérations. Ce compte rendu est imprimé et distribué aux membres des deux Chambres.

Il ne faut pas omettre de dire qu'aucun ordre de paiement n'est exécuté par la Trésorerie, s'il n'est autorisé par la Cour des comptes.

La forme définitive du budget est établie par un acte spécial. Cet acte est soumis aux Chambres, dans les mêmes forme et manière que le budget. Il est examiné non par les comités, mais par une commission spéciale appelée commission de finances, élue au commencement de chaque session. (Sixième question.)

Les charges publiques et leur accroissement résultent d'autres causes et d'autres besoins que du contrôle plus ou moins approfondi qui en est fait. Les Chambres se soumettent à cet accroissement, quelquefois elles en sont la cause, bien que cela soit contraire aux principes constitutionnels. Mais dès que les dépenses ont été votées, le contrôle est tout à fait réel, particulièrement pour empêcher les transports de paiement d'un chapitre à un autre.

Les lois concernant la Cour des comptes et la comptabilité de l'Etat sont de véritables modèles qui font honneur à la Belgique. (Sixième question.)

Le comité du Cobden-Club excusera la brièveté et le retard de ma réponse ; des absences et de nombreuses obligations sont mon excuse. On peut pour plus de détails consulter la Constitution belge, les règlements du Sénat et de la Chambre des députés, les lois organiques de la Cour des comptes, les lois sur les dépenses de l'Etat et enfin un spécimen du budget avec les rapports qui le concernent. Si les documents ne sont pas à la bibliothèque de la Chambre des communes, je les enverrai au Cobden-Club comme une légère preuve de ma gratitude pour l'honneur qui m'a été fait par mon admission parmi ses premiers membres.

Agréez, etc.

Auguste COUVREUR.

Lettre de M. Ad. Lehardy de Beaulieu, professeur d'économie politique et membre du Parlement belge.

J'ai reçu ce matin votre circulaire du 28 juin 1876 dans laquelle vous demandez à vos membres étrangers de vous faire connaître les moyens employés en Belgique et ailleurs pour discuter et contrôler les dépenses du pouvoir exécutif, à l'aide des votes de la législature et principalement de la Chambre des députés.

Le comité du Cobden-Club a donné une sérieuse attention aux dommages que la grande augmentation de la dépense publique a causés au peuple, et aux efforts inefficaces du Parlement pour contrôler cet accroissement continu. Le comité est désireux de savoir si cet état de choses se produit en Belgique. Je vais répondre à ces questions aussi brièvement que possible, m'efforçant de montrer les causes qui ont amené, en Belgique, l'énorme accroissement de nos budgets annuels, dans toutes leurs branches sans exception, causes qui, dans mon opinion, continueront longtemps à agir.

Afin de vous donner une idée exacte de l'accroissement progressif de nos dépenses depuis 1830, date de notre séparation avec la Hollande, je présente le tableau suivant des dépenses commençant à l'année 1835. J'ai commencé avec cette année, parce que la Belgique était alors complètement réorganisée après sa révolution et entrée dans un état normal et régulier.

1835	Dépenses..........			87,104,005 fr.
	Population.........		3,896,000	
	Dépenses par tête....	22 fr. 35		
1845	Dépenses..........			134,389,350
	Population.........		4,250,000	
	Dépenses par tête....	31 62		
1855	Dépenses..........			146,926,212
	Population.........		4,579,000	
	Dépenses par tête....	32 08		

1865	Dépenses..........				188,793,736
	Population.........			4,910,000	
	Dépenses par tête....	38	45		
1870	Dépenses..........				216,907,800
	Population.........			5,087,800	
	Dépenses par tête....	42	63		
1875	Dépenses..........				256,000,000
	Population.........			5,336,000	
	Dépenses par tête....	48	•		

La dépense a donc triplé en quarante ans, quoique la population n'ait pas augmenté de plus du tiers.

Après ce préambule, je réponds à vos sept questions.

I. La loi du 15 mai 1846, qui organisa la comptabilité de l'Etat, oblige le Gouvernement à déposer sur le bureau de la Chambre des députés (qui seule a l'initiative pour ce qui concerne les finances et le contingent de l'armée) le projet de budget pour la recette et la dépense. Toutes les recettes et toutes les dépenses de l'Etat doivent être inscrites dans le budget et dans les comptes publics.

Quoiqu'il y ait seulement six départements ministériels, il y a onze budgets.

a Le budget des voies et moyens qui doit comprendre l'ensemble des recettes.

b Le budget des finances qui renferme toutes les sommes à dépenser dans l'administration des finances de l'Etat.

c Le budget de la Dette publique, qui comprend les intérêts et l'amortissement de la Dette nationale, les dépenses de l'administration de ces dettes et emprunts, les garanties d'intérêt des sociétés concessionnaires de travaux publics, tels que chemins de fer, secours et pensions civiles et militaires; ces trois budgets dépendent du ministre des finances.

d Le budget de la justice, qui comprend les traitements des magistrats, les dépenses générales de police et des prisons, les traitements des ministres des différents cultes.

e Le budget de l'intérieur, comprenant, outre l'administration centrale, celle des provinces et des districts, l'instruction publique dans toutes ses parties arts et littérature, les chemins secondaires, l'état sanitaire des villes et des districts ruraux.

f Le budget des affaires étrangères, comprenant les dépenses diplomatiques, le budget de la marine a été récemment séparé du budget des affaires étrangères.

g Le budget de la guerre, comprenant l'armée, les fortifications, l'artillerie, etc., etc.

h Le budget de la gendarmerie qui, logiquement, reviendrait au ministre de la justice, a été récemment détaché de l'armée et forme une administration séparée sous la juridiction du ministre de la guerre.

i Le budget des recettes pour ordre comprend les recettes et dépenses de l'Etat pour le compte de tiers.

k Le budget des non-valeurs, comprenant les pertes et annulations des recettes.

l Le budget des travaux publics est devenu le principal par l'importance de ses dépenses. Il est maintenant plus élevé que n'était le budget général du royaume il y a quarante ans au plus. Il comprend, outre les dépenses de l'administration, l'entretien des routes, canaux, rivières, ports, digues, bâtiments de l'Etat, bureaux des postes, télégraphes, paquebots, établissement de nouvelles lignes, etc. Tout aussi bien que la construction des chemins de fer, des bureaux de postes, des télégraphes, etc.

Tous les budgets doivent être préparés avant le 1er mars; ils sont imprimés et distribués en même temps, et peuvent être examinés par les comités avant la clôture de la session. Il arrive quelquefois que plusieurs budgets préparés pour le 1er mars sont votés dès les mois de mai ou de juin. Les budgets sont divisés en chapitres et articles, il ne peut y avoir aucun transfert de ce qui est porté dans un chapitre ou dans un article à un autre chapitre ou à un autre article, à moins que la loi qui approuve le budget ne l'ait expressément autorisé.

La Cour des comptes, instituée par la loi du 29 octobre 1846, et dont les membres sont nommés pour six ans par la Chambre des représentants, est spécialement chargée de veiller à ce qu'aucune somme, quelque petite qu'elle soit, ne sorte du Trésor public, que si la dépense a été formellement autorisée par un des articles du budget.

II. Les budgets, comme tous les projets de lois, sont, sauf de rares exceptions, renvoyés aux comités du mois dans lequel les projets ont été présentés. La Chambre est, en fait, divisée en six comités, tirés au sort à la première séance de chaque mois. Ils nomment immédiatement leurs présidents, vice-présidents, secrétaires et délégués à la commission des pétitions.

Les comités sont convoqués de droit par le président, mais en réalité par le bureau, soit sur la demande du ministre, soit sur la demande de l'auteur d'un amendement ou d'une proposition.

Tous les comités examinent tous les budgets successivement et séparément, article par article. Les comités arrêtent, dans un acte rédigé par le secrétaire, leurs observations, questions, amendements et votes.

Ils nomment un rapporteur spécial pour chaque budget, les six rapporteurs des comités présidés par le président de la Chambre ou l'un des vice-présidents forment ce que l'on appelle un comité central. Cette réunion, après avoir pris connaissance des décisions arrêtées dans chacun des six comités, et des questions à soumettre au comité central, au gouvernement, ou au ministre qu'elles concernent particulièrement, examine le budget proposé, voit si la forme en est correcte, obtient du ministre ou du Gouvernement les explications nécessaires, les documents jugés utiles, et fait au ministre des questions soit verbalement soit par écrit.

En un mot, c'est le comité central qui examine tous

les projets avec un soin réel et minutieux, parce qu'il n'est pas pressé par les circonstances particulières, parce qu'il est composé d'hommes qui entendent ces matières, et qui travaillent avec bonne volonté.

Quelquefois le comité central se contente des motifs donnés dans le projet de budget s'ils lui paraissent clairs et suffisants.

Après la discussion de tous les articles et l'adoption du budget dans son entier, le comité central nomme un rapporteur, dont le devoir est de faire le résumé de la discussion, d'exposer et de justifier si cela est nécessaire les conclusions adoptées. Le rapporteur est souvent chargé par le comité de conférer avec le ministre soit pour arriver à une solution amiable sur certaines difficultés, ou pour obtenir un supplément d'information.

Quand le rapport est prêt, il est lu au comité qui l'approuve, il peut aussi le modifier, y ajouter, ou en supprimer quelques parties.

Lorsque le rapport est définitivement approuvé par le comité central, il est porté par le rapporteur à la Chambre, et déposé sur le bureau de la Chambre avec le consentement du président.

Le président prescrit alors l'impression et la distribution aux membres de la Chambre. Conformément aux règlements, deux jours doivent s'écouler entre la distribution et la discussion dans la Chambre. La moitié au moins des membres de la Chambre doit être présente quand la discussion a lieu, cette règle a cependant été modifiée dans la pratique, mais aucun vote ne peut avoir lieu si la moitié des membres n'est présente. Après la discussion générale sur le projet de budget dans son entier, discussion qui peut, dans certaines circonstances, comprendre la politique générale du Gouvernement, la Chambre passe à la discussion des articles séparés. Ceux-ci sont quelquefois votés très rapidement, le président se bornant à constater qu'aucune opposition n'y est faite. Chaque membre a le droit de proposer le rejet ou la modification de tout article, ou un amendement, et le président est obligé de tenir compte d'une pareille proposition si elle est appuyée au moins par cinq membres. Lorsque tous les articles ont été adoptés, amendés ou non, le budget est voté en entier; chaque membre de la Chambre disant oui ou non lorsque son nom est appelé. Tout membre peut s'abstenir de voter, mais quand le résultat du vote est proclamé, ceux qui se sont abstenus de voter doivent donner la raison de leur abstention.

Le budget aussitôt voté est envoyé au Sénat qui alors s'en occupe. En général, le Sénat le renvoie à des commissions spéciales qui nomment un rapporteur spécial pour chaque budget. Il arrive rarement que le Sénat fasse plus que de prendre en considération le rapport fait à la Chambre, et propose des rejets ou des amendements. Cela peut cependant avoir lieu. Je ne me rappelle pas qu'un budget ait été renvoyé à la Chambre par le Sénat durant quinze sessions auxquelles j'ai pris part au parlement.

Telles sont les formalités constitutionnelles et les principes qui permettent, en théorie, sinon en pratique, à tous les membres des deux Chambres de critiquer, discuter, amender, ou rejeter non seulement tout budget dans son entier, mais chaque article particulier du budget. En Belgique, comme sans doute en Angleterre, et ailleurs, la pratique n'est pas toujours conforme à la théorie constitutionnelle, aux lois, aux règlements. J'aurai l'occasion de dire ce qui est la pratique en répondant aux autres questions.

III. J'ai répondu ailleurs à la troisième question.

IV. Tout comité peut proposer des amendements au projet de budget. Il peut également proposer le rejet de certains articles, ou en présenter de nouveaux. Le procès-verbal mentionne ces propositions, leur adoption ou leur rejet par les comités; le comité central les examine, les discute, et, s'il le juge nécessaire, les soumet à l'examen du ministre que ces propositions concernent, celui-ci donne ses raisons, s'il s'oppose aux propositions. Le comité central décide alors s'il doit soutenir devant la Chambre l'amendement proposé. Cette dernière, après débat, décide si oui ou non elle soutiendra l'amendement. Le Sénat peut également amender ou rejeter les propositions qui lui viennent de la Chambre, mais il ne peut proposer de nouvelles sources de revenus, ni une nouvelle dépense. L'initiative en ces matières appartient à la Chambre.

V. Comme je l'ai dit plus haut, chaque comité, complètement indépendant des autres comités, discute la proposition de recettes et de dépenses soumises à la Chambre par le Gouvernement. Les uns adoptent les propositions du budget qui leur sont soumises sans observation ou discussion, tandis que d'autres les discutent longuement. Dans la pratique, c'est dans le comité central qu'a lieu l'étude complète et détaillée, et la discussion de chaque budget. Chacun des membres de ce comité exposant l'opinion exprimée dans le comité particulier auquel il appartient. Même les opinions de la minorité ou d'un membre isolé sont souvent relatées dans le procès-verbal ou ajoutées au rapport comme appendice. En général, il n'y a que peu de membres qui assistent aux comités, parce que les discussions sont arides, parce que les membres ne sont pas au courant des matières, ou parce qu'on ne se préoccupe de la matière qu'au point de vue de la préparation par le ministre ou le Gouvernement.

VI. Les lois et règlements de la Chambre font une nécessité absolue d'envoyer les budgets à l'examen des comités de la Chambre. C'est seulement dans les cas d'urgence, ce qui est très rare, que la Chambre peut soumettre le budget à l'examen d'une commission spéciale nommée par la Chambre elle-même. Le comité central est, en fait, une commission spéciale nommée par la majorité de la Chambre entière, avec la probabilité que la minorité est représentée dans le comité.

VII. Peut-être que si ces lignes sont lues en Belgique, quelqu'un dira que celui qui les a écrites n'est pas suffisamment impartial pour répondre à cette dernière question à laquelle ce qui précède forme une espèce de prolégomène.

J'ai, en effet, toujours résisté à l'accroissement des dépenses et spécialement à celles de l'armée. J'ai toujours résisté aux dépenses de constructions, aux constructions de chemin de fer par l'Etat, parce que ce système est une cause permanente de pertes qui doivent être supportées par le trésor public. En un mot, et dans les temps même où le ministre au pouvoir appartenait à mon parti, j'ai toujours combattu l'accroissement des charges sur le pays en général et sur le contribuable en particulier.

On pourra dire que je fais ici une nouvelle discussion en faveur de mon thème favori.

Mais quelle que puisse être dans le parlement belge ma position personnelle que je dois de bonne foi rappeler à mes collègues du Cobden-Club, il faut que j'exprime mon opinion personnelle en toute sincérité et franchise, sans préoccupation, prévention, ni passion, basant mes conclusions autant que possible sur des faits positifs et incontestables.

Je reconnais d'abord que ce serait certainement injuste de méconnaître que l'intervention obligatoire des deux Chambres dans la discussion et l'établissement des taxes et des emprunts, ainsi que dans les questions de dépenses a généralement pour effet de prévenir, au moins d'une manière temporaire, l'accroissement excessif des impôts et des dépenses. Mais j'ajoute qu'il est douteux, dans mon opinion, si elles ont agi ainsi plus efficacement qu'aurait pu le faire le libre exercice de l'opinion publique sans l'intervention des Chambres.

J'ai quelquefois entendu exprimer par de vieux parlementaires, sans cependant y acquiescer moi-même, l'opinion qu'un gouvernement directement responsable envers les contribuables et le pays, serait plus économe des deniers publics que quand il peut décharger ses responsabilités sur des Chambres qui représentent plus ou moins fidèlement le pays.

Cette théorie est surtout celle des partisans du pouvoir absolu et sans contrôle.

Je pense que l'on peut dire cependant aujourd'hui avec certitude que l'expérience s'est prononcée contre cette théorie, car il n'y a pas un seul gouvernement absolu qui voudrait affronter, même pour un seul mois, l'exercice libre de l'opinion publique. Tous les soins, tous les efforts de ces Gouvernements sont surtout concentrés sur les moyens de supprimer toute discussion de leurs actes et même toute manifestation d'une opinion contraire à la leur.

Si les parlements avaient seulement l'avantage d'être un moyen efficace de porter à la connaissance du pays des opinions diverses, et de les lui faire entendre, ils seraient encore des institutions bienfaisantes et indispensables. Leurs discussions plus énergiques, plus élucidées et plus pratiques, que celles de la presse quotidienne ou des réunions publiques, sont les vrais guides de l'opinion publique. C'est par ces discussions que le pays est mis à même de décider entre l'opposition et le Gouvernement, si l'expression de l'opinion publique n'est pas falsifiée par des pratiques électorales vicieuses et frauduleuses.

Il n'est pas possible d'égarer longtemps l'opinion publique là où existe un parlement libre qui est le résultat d'élections réellement libres. Je dis ceci principalement pour montrer que si je ne puis être accusé d'entretenir des idées hostiles à un gouvernement basé sur le système parlementaire, je suis le mieux en position de montrer que ni l'Angleterre, ni la Belgique ne réalisent complètement, dans la pratique, ces théories constitutionnelles et légales, dont j'ai mis en relief les principes dans mes réponses aux questions ci-dessus.

Afin que le système de contrôle, établi en théorie par la Constitution et les lois, devienne une réalité, le ministère devrait être pris dans la minorité du Parlement, et l'opposition devrait former la majorité réelle et effective. Alors, la question d'impôt serait discutée sans transaction, les dépenses seraient parfaitement étudiées et analysées dans leurs détails ; alors, il serait impossible pour le comité central de changer d'opinion d'un moment à un autre, à cause d'un désaccord ministériel.

Mais malheureusement, le Gouvernement est pris dans la majorité, ils se soutiennent mutuellement l'un l'autre, et comme deux Siamois, ils ne peuvent être séparés. Le Gouvernement a besoin de sa majorité, la majorité a également besoin de son gouvernement. De là, naissent des complaisances réciproques, des concessions mutuelles, qui jettent hors de sa voie le mécanisme des constitutions modernes, construit avec des soins si délicats. Le résultat de cette union forcée entre la majorité et le Gouvernement est que les représentants des contribuables, au lieu de défendre les intérêts de ces derniers, en tout temps et en toute circonstance, sont toujours prêts à sacrifier ces intérêts, si le Gouvernement déclare qu'il a besoin d'argent, qu'on doit imposer telle taxe, ou faire telle dépense. Dès lors, le contrôle est une pure comédie parlementaire, jouée avec plus ou moins d'habileté et de succès. Le Gouvernement écarte du comité central les hommes compétents et indépendants. Les rapports sont faits avec le concours des ministres et des fonctionnaires, l'opposition peut seulement se faire entendre quand la matière est débattue en pleine Chambre, qui n'écoute que par politesse, le vote étant décidé d'avance, le ministère ayant déclaré qu'il se retirerait si la majorité n'accordait pas toutes les demandes du Gouvernement.

Ceci ne peut alarmer ou désappointer que ceux qui admirent le mécanisme, en apparence si exact, du gouvernement du pays par le pays, où, comme on l'appelle en Angleterre, du *self Government*.

La question doit être étudiée plus complètement et la cause réelle de cette déception doit être mieux vue, si l'on veut comprendre la raison de cette anomalie apparente.

Les deux chambres sont nommées par des électeurs, tenant légalement leur titre du paiement d'une certaine somme d'impôt direct fixée par la Constitution elle-même, au minimum de 42 fr. 32 c.

La Belgique est divisée, pour l'élection des membres du Parlement, en districts électoraux de la manière la plus bizarre, la plus injuste et la plus impolitique, eu égard à la défense des intérêts de la grande masse des contribuables.

Quelques districts élisent treize membres, d'autres sept, six, cinq, quatre, trois, deux, même un. Un électeur place treize noms sur un bulletin de vote, un autre électeur place un seul nom ; dans un endroit un district électoral comprend 16 ou 18,000 électeurs ; dans un autre, il en comprend seulement 300. Le vote des deux grandes villes ayant des opinions libérales, Gand et Anvers, est noyé dans le vote de pays appartenant à des villages agricoles. Ces villes importantes par leur industrie, leur commerce, ne sont pas représentées dans le Parlement, ou plutôt, la minorité de leurs habitants est représentée, tandis que la majorité ne l'est pas. Dans d'autres districts électoraux, à Bruxelles, par exemple, la population rurale n'est pas représentée dans le Parlement. Dans quelques districts où les deux catégories sont également balancées, la corruption électorale a pris racine ; elle cherche à créer de faux électeurs, ou à acheter des votes aussi bon marché que possible.

De la combinaison de ces différents éléments, le cens

électoral et la distribution des sièges dans les districts électoraux, est née la possibilité, réalisée pendant ces six dernières années, que la minorité des électeurs réussisse à obtenir une majorité parlementaire, et même une forte majorité. Ainsi, treize districts électoraux ayant en moyenne 500 électeurs, en tout 6,500, dont 3,000 d'une opinion, 3,500 d'une autre, annulent le district électoral de Bruxelles, par exemple, qui nomme également treize députés. Ce district ayant 17 ou 18,000 électeurs, dont 13,000 sont d'une opinion et 5,000 d'une autre.

Il est facile de comprendre que pour maintenir un tel état de choses, la majorité a besoin du secours du Gouvernement, et le Gouvernement doit le lui donner à tout prix, s'il veut conserver sa majorité.

Les travaux publics sont le moyen le plus coûteux, mais le plus certain, pour former ou maintenir des majorités électorales. On y a souvent recours. D'un autre côté, le patronage du Gouvernement est très puissant depuis que les travaux de railways, bureaux de poste et télégraphe emploient 30,000 agents ; et si on y ajoute les divers fonctionnaires civils ou militaires, comme aussi les porteurs de titres et de distinctions honorifiques, et encore les fournisseurs du Gouvernement, de toute sorte, on peut affirmer sans crainte que la majorité gouvernementale agit sur 40 à 50,000 familles qui, plus ou moins, exercent une influence sur les électeurs.

Il y a maintenant, en Belgique, seulement 115,000 électeurs qui prennent part ou plutôt qui peuvent prendre part aux élections parlementaires. Enfin, 90,000 ou 100,000 votent effectivement. De ce nombre, un tiers ou peut-être la moitié, ont un intérêt immédiat à l'accroissement des dépenses, il suffit qu'ils se portent d'un côté ou de l'autre pour faire pencher la balance. Le parti qui leur doit au moins pour une part la possession du pouvoir est nécessairement reconnaissant ; de sorte que, quand un parti a donné tout ce qu'il peut, on se tourne vers l'autre parti pour acquérir de lui tout ce qu'on peut obtenir de la même manière. De là, il arrive que les députés qui résistent au courant sont peu nombreux et presque sans autorité.

Ils peuvent éveiller l'attention publique, la rendre plus vive et obliger les ministres à être dans une certaine mesure modérée, mais la majorité, pressée par les pétitions et les demandes incessantes, constamment renouvelées, passe par dessus ces obstacles, très souvent avec l'aide et même avec l'initiative de l'opposition.

Il n'y a donc pas lieu de s'étonner si les contributions directes, qui seules forment la base électorale, sont seulement de 40,000,000 de fr. dans une dépense de 250,000,000 de fr. et si, par conséquent, moins de 1/12 des citoyens ayant l'âge légal sont électeurs. Il y a cinq ans passé, la majorité supprima deux contributions directes du caractère le plus justifiable, la taxe sur les cabaretiers et sur les marchands de tabac, parce qu'elle supposa que leurs votes étaient en général défavorables à la majorité existante.

D'un autre côté, l'introduction dans nos affaires politiques d'un élément tout à fait étranger, je veux parler des questions religieuses, y a fait pénétrer un germe d'animosité et de passion qui détourne un certain nombre de nos électeurs de l'idée saine et raisonnable de leurs véritables intérêts, et, de plus, diminue les moyens de résistance à l'augmentation des dépenses. Le clergé catholique romain, excité par Rome, s'est jeté résolument dans le conflit électoral, il persuade aux gens les plus ignorants des campagnes que ceux qui résistent au clergé menacent la religion du peuple, le culte, les églises, les prêtres. Cela suffit parce que le campagnard vote aveuglément pour ceux qu'on lui dit de soutenir, quelque prodigues qu'ils soient des deniers publics.

Ces observations expliquent aisément toutes les conditions pratiques et économiques du système. Si les 115,000 électeurs partageaient entr'eux le produit total des taxes, revenus, douanes, péages, etc., ils auraient chacun 2,226 fr., leur mise étant en moyenne de moins de 300 fr. Je calcule dans ce sens :

1/3 des taxes directes ; ils ne payent certainement pas plus	14,000,000
1/12 des taxes restant	20,000,000
	34,000,000

Ceci divisé entre les 115,000 électeurs donne environ 300 fr. ; mais c'est une majorité d'entr'eux qui dispose des ressources de l'Etat. Cette majorité peut être réduite par les situations que nous avons indiquées ci-dessus à 40 ou 45,000 votants, parmi lesquels beaucoup de personnes respectables se contentent de l'honneur. Il résulte alors que l'avantage d'avoir le pouvoir permet aux 40 ou 45,000 électeurs qui prennent part au vote, de partager entr'eux une somme qui donnerait à chacun 5,000 fr., toutes dépenses déduite.

Il n'y a donc pas à s'étonner s'il est difficile dans notre pays (Belgique), comme dans le vôtre (Angleterre), de faire prévaloir les économies et les réductions dans les délibérations du Parlement. J'ai négligé, pour ne pas trop prolonger mes preuves, les influences secondaires qui ont la même tendance et conduisent aux mêmes résultats, telles que la cour, l'armée, la noblesse, les principaux fonctionnaires qui ajoutent leur influence en faveur de la dépense tout comme les influences dont j'ai parlé plus haut.

On me demandera peut-être si je vois un remède à cela, et un moyen d'y mettre un terme. Je réponds franchement : non. Le système doit s'user lui-même, comme fit au siècle dernier, en France, le système de Law.

Si des éléments étrangers et perturbateurs ne se mêlaient pas aux débats sur nos intérêts, peut-être que l'opinion publique, éclairée par la discussion, ramènerait les électeurs au sentiment de leur responsabilité envers ceux dont ils sont les défenseurs spéciaux et responsables, mais l'intervention de l'élément religieux fausse les idées, excite les passions, et, en fait, remet la décision concernant les dépenses à cette classe d'électeurs intéressée à grossir le budget.

Il faut remarquer que les causes nombreuses d'augmentation de dépense sont ajoutées, chaque année, à celles qui existent déjà.

L'Etat n'a pas encore fait la moitié des chemins de fer, la plupart ont perdu leur importance et demandent à être rachetés. L'Etat perd déjà beaucoup à avoir les principales lignes, les plus productives, qu'arrivera-t-il quand il prendra les moins productives? Il sera cependant obligé de les prendre, puisque le principe a été déjà posé et accepté.

Il en est de même des télégraphes, des bureaux de poste et des bateaux à vapeur.

L'Etat a entrepris les principales routes, bientôt on lui demandera d'entreprendre les routes des paroisses. L'instruction publique, en retard comme elle est dans les districts ruraux, demande de nouveaux sacrifices, l'instruction de la classe moyenne n'est pas suffisamment développée dans les centres de plus ou de moindre importance. Des emprunts devront être faits pour couvrir ces dépenses, et les intérêts seront ajoutés aux intérêts payés pour les précédents emprunts. Des gens influents pressent le Gouvernement d'emprunter de l'argent. Ils paraissent croire que le Trésor public se remplit de lui-même et sans effort.

L'augmentation des dépenses est donc inévitable et cela pour une période d'avenir encore longue.

Peut-être que quelque jour, les classes agricoles s'apercevront qu'elles seules supportent les principales charges de ces augmentations, et alors, si elles peuvent s'accorder avec les classes commerçantes et industrielles, on peut espérer avoir une Chambre décidée à faire des écanomies.

Mais c'est là une faible chance, et nous allons donc absorber pour les dépenses de l'Etat la totalité des revenus de la propriété réelle, terres et maisons comprises. Quand ceci sera fait, peut-être le Gouvernement jugera-t-il lui-même qu'il n'est pas sage de ne pas mettre la main sur les autres revenus.

Une crise prolongée peut nous forcer plutôt que nous ne pensons à être plus prudents et, par conséquent, plus économes.

Quand ce temps viendra, — puisse-t-il venir sans crise, — les comités choisiront pour rapporteurs des hommes compétents et non des hommes faciles, ils choisiront sans avoir trop égard au côté spécial de l'opinion politique et le pays s'en trouvera mieux.

Ainsi que je l'espère, j'ai montré que l'instrument en lui-même est bon, que la machine constitutionnelle n'a besoin que de peu de chose, c'est seulement la ferme détermination de s'en servir convenablement qui manque.

On doit espérer qu'ici en Belgique comme ailleurs la nécessité d'agir ainsi se fera sentir.

Agréez, etc.

AD. LE HARDY DE BEAULIEU.

DANEMARK (1)

SOMMAIRE

I. Chaque année, à l'ouverture de la session des Etats généraux, au mois de septembre, le Gouvernement est obligé de présenter un budget complet et détaillé pour l'année suivante, et, en même temps, un compte des sommes perçues et payées pendant les deux dernières années. Si un besoin imprévu se produit dans le cours de l'année, le Gouvernement doit présenter un budget spécial.

II. Les mesures financières du Gouvernement sont d'abord soumises à la Chambre basse, ses membres se partagent en cinq comités spéciaux ou sections pour l'examen préparatoire du budget. Chaque section nomme un rapporteur. Ces cinq rapporteurs, réunissent et discutent les observations présentées dans chaque section, et se mettent en communication avec le ministre par un rapport appelé « rapport préparatoire », le ministre répond par un autre rapport dans lequel il maintient ses prévisions du budget malgré les observations des sections, ou modifie ses propositions pour les

(1) Le démembrement dont le Danemark a été victime, malgré le traité de Londres du 8 mai 1852, aux termes duquel les grandes puissances reconnaissaient et garantissaient l'intégrité de la monarchie danoise, a entraîné la réforme des lois constitutionnelles de ce pays. C'est aujourd'hui la loi du 28 juillet 1866 qui a déterminé la constitution de cette monarchie et qui est la base actuelle du droit public danois.

N. du Tr.

mettre d'accord avec leurs observations. Par cet échange des rapports, le budget est préparé pour la discussion publique dans la Chambre même ; chaque membre de celle-ci peut produire son opinion et proposer tout amendement qui lui semble juste.

Les conférences qui ont lieu entre les ministres et le comité des finances ont une grande importance pour l'éclaircissement et la modification des propositions qui sont faites. La Chambre, presque toujours, décide conformément au rapport présenté par le comité des finances. Quand le budget est adopté avec ou sans amendement par la Chambre basse, il est soumis à la Chambre haute, où il est examiné de la même manière, d'abord par les sections ou comités, et ensuite par la Chambre entière, dans le cas où les deux Chambres diffèrent sur le budget, un comité mixte peut être formé pour faire des propositions tendant à un accord. Que ferait-on si un pareil accord ne pouvait avoir lieu ? C'est la grande question du jour en Danemark entre le Gouvernement soutenu par la Chambre haute d'un côté, et la grande majorité de la Chambre d'un autre côté. Cette dernière réclame des droits absolus, eu égard au Gouvernement parlementaire, et à la responsabilité ministérielle.

III. Le Budget doit être divisé en différents chapitres représentant les différents départements des services publics, et les diverses dépenses de chaque département sont aussi réparties sous des titres séparés. La division actuelle est la suivante :

1. Dépenses de la couronne;

2. Dépenses des grands corps, appelés hauts collèges d'Etat, c'est-à-dire Etats généraux, Conseil d'Etat, etc. ;

3. Affaires étrangères;

4. Justice ;

5. Intérieur ;

6. Marine;

7 *a*. Dette nationale ;

7 *b*. Finances ;
8. Guerre ;
9. Colonies ;
10. Allocations pour l'imprévu ne dépassant pas 100.000 florins.

Chacune de ces divisions a ses propres subdivisions distribuées par chapitres, paragraphes et articles, présentant un maximum pour chaque article. Les membres de la Chambre basse discutent chaque article.

IV. Les conclusions formulées par les sections ou les comités sont soumises à la décision de la Chambre entière.

V. La constitution du Danemark garantit d'une manière suffisante l'indépendance de la législature et des comités nommés par elle. Ceux-ci sont formés par bulletin secret, en prenant soin que la minorité y soit représentée.

VI. Les dépenses faites en conformité du budget, tel qu'il a été approuvé, sont contrôlées par un comité de révision composé de quatre membres, deux pour chaque Chambre. Le travail du comité de révision est approuvé par les Chambres avant d'être transmis à la cour des comptes, les membres de ce dernier corps sont nommés à vie par le souverain sur une liste dressée par la Chambre basse.

VII. La marche suivie pour la régularisation du budget a montré son efficacité pour diminuer les charges recommandées par le Gouvernement et l'effet de la limitation des dépenses a été très salutaire.

Rapport de M. Fredericksen, professeur d'économie politique à l'Université de Copenhague.

Un budget très détaillé, avec de nombreuses explications est présenté à la Chambre des communes au commencement de chaque session annuelle, ordinairement dans le mois de septembre ou d'octobre. Après une première lecture, le budget est discuté par le ministre des finances d'une manière générale et c'est l'occasion où les membres de la Chambre exposent leurs vues de différente nature. Après cette première lecture, un membre propose l'élection du comité des finances. Depuis peu, il est formé de 15 membres, la majorité actuelle préférant toujours les comités nombreux. Le comité est, comme la plupart des autres comités du Parlement, élu au bulletin secret, et conformément au mode particulier d'élection des minorités, introduit ici dès 1855, par M. Andraë (1).

Le comité financier a le travail le plus important du Parlement et n'est pas sans raison appelé le Corps le plus influent du royaume; le rapporteur du comité, notamment, je ne sais si je dois employer l'expression anglaise « speaker », jouit de la plus haute influence. Chez nous, la plus complète indépendance ne saurait être mise en question; même quand le parti du Gouvernement était en majorité, le comité travaillait dans une complète indépendance, maintenant il a peut-être plus d'égard encore à l'opinion des électeurs. Le comité commence son travail en adressant par écrit un grand nombre de questions aux départements ministériels. Les sous-comités exposent les différents chapitres au comité; un rapporteur pour le budget entier, ou pour ses différentes parties, est nommé, et ensuite le rapporteur rédige le rapport pour la Chambre. Le rapport est imprimé pour l'usage particulier de la Chambre et une révision préliminaire a lieu dans le comité. Alors des conférences ont lieu ordinairement avec les différents

(1) Elections faites suivant une méthode proportionnelle favorable à la représentation des minorités d'après le système préconisé par l'éminent économiste anglais John Stuart Mill.

N. du Tr.

membres du cabinet, conférences qui ont souvent une grande importance pour l'administration et une grande influence sur le vote final du comité. Enfin, le budget est définitivement voté dans le comité et imprimé pour la Chambre et pour le public. A la seconde lecture, qui vient ensuite, la Chambre vote presque toujours avec la majorité du comité. A la troisième et dernière lecture, le Gouvernement renouvelle les motions auxquelles il attache quelqu'importance. L'examen du budget par le comité de la Chambre basse (folkething) et ensuite par la Chambre elle-même, absorbant en général presque tout le temps de la session, le budget ne sera souvent transmis que très tard à la Chambre haute (Landsthing), où il est aussi lu trois fois, souvent très rapidement. Très souvent, le Gouvernement se sert du Landsthing pour écarter les amendements les plus désagréables. Le Landsthing, lui aussi, se fait un point capital de repousser les tentatives de l'autre Chambre, pour modifier, au moyen du budget, ce qui a été décidé par des *bills*. La Chambre basse, en fait, a un pouvoir prédominant à l'égard du budget, mais non sur les bills. Dans le cas où, finalement, les deux Chambres diffèrent, on peut former un comité mixte pour faire des propositions de conciliation. Si l'on suppose que les deux Chambres ne peuvent arriver à se mettre d'accord, que doit-on faire alors? C'est, en ce moment, la grande question politique en Danemark, entre le ministre, soutenu par la Chambre haute d'un côté, et la grande majorité de la Chambre basse d'un autre côté. Pour régler cette question, la Chambre basse désire et invoque les prérogatives du Gouvernement parlementaire.

La forme actuelle, très détaillée, du budget fut introduite la première année de notre constitution, par M. Feuger, le célèbre médecin, rapporteur du comité des finances pendant plusieurs années, ensuite ministre des finances, maintenant bourgmestre à Copenhague.

Il prit son modèle, pour la partie principale, dans le budget de Christian VIII, de l'année 1841. Le Gouvernement absolu de ce Roi ayant, après tout, par ses réformes administratives largement préparé les voies à notre Constitution. A l'époque où, en raison des difficultés avec l'Allemagne, nous avions deux Constitutions, une pour la Monarchie, une pour le Royaume proprement dit, et en ce même temps un pouvoir absolu pour le Royaume, le budget eut, en différents temps, des formes diverses. Un budget, appelé « budget normal », était formé et des crédits supplémentaires étaient votés pour deux années. On doit rappeler, notamment qu'à cette époque M. Andrac supprima beaucoup de détails du budget. Après la perte des duchés nous revinmes à une méthode moins compliquée, dans le budget, nous prîmes de nouveau l'ancienne forme plus détaillée. Cependant, je devrais dire encore que M. Feuger lui-même admettait que le budget serait mieux sans autant de détails et que cela pourrait être préférable même sous le rapport de la responsabilité constitutionnelle.

Je ne crois pas notre manière de procéder, à l'égard du budget, la plus parfaite. Beaucoup de choses dépendent certainement du caractère des membres du comité, surtout du président et du rapporteur. Autrefois, nos hommes les plus capables, comme M. Mourad, M. Tscherninz, M. Feuger ont occupé ces fonctions. Récemment, lorsque M. Feuger était membre du ministère, nous avons partagé, entre plusieurs de nous, les plus importants devoirs de rapporteur pendant une courte période. A présent, le parti des paysans étant en majorité, M. Berz, originairement instituteur de campagne, a été rapporteur pendant quelques années et, par conséquent, c'était lui qui supportait une grande partie de notre travail parlementaire, il n'est certainement pas sans capacité, mais, d'un autre côté, il mérite peut-être quelques reproches pour l'extrême lenteur des débats dans le comité et dans la Chambre. Le comité nommé, selon les circonstances, a un très grand pouvoir, et je ne pense pas que notre manière de former des comités par élection soit très bonne. L'élection pour des comités auxquels une grande importance est attachée par les membres à cause de l'honneur personnel qui en provient, comme aussi les élections par la méthode des minorités n'agissent pas d'une manière salutaire sur la formation de nos partis politiques et ne produisent pas les comités les plus laborieux. Dans son travail, notre comité des finances attache très souvent une importance trop grande aux détails, bien plus qu'aux grandes questions financières; assez souvent, il fatigue le ministre par ses détails et par des questions sans importance; j'ai, quelquefois, sérieusement pensé que nous faisions plus de mal que de bien, avec le travail de notre comité. Je crois qu'il serait mieux de ne pas réviser chaque année tous les détails du budget et je préférerais des comités séparés, nommés pour examiner chacun leur chapitre séparé du budget, au lieu de la volumineuse correspondance de notre comité des finances, je préférerais la méthode des enquêtes verbales, comme dans le cas de nos comités nommés directement.

Les comptes d'Etat complets et examinés, ainsi que les rapports de nos auditeurs d'Etat, doivent être examinés sur des copies envoyées d'avance.

Les quatre auditeurs sont élus chaque année, deux par chaque Chambre; leur élection est souvent considérée comme une récompense pour les services politiques rendus à leur parti. Conformément au rapport des auditeurs, les comptes pour l'année écoulée sont résolus par le vote des Chambres; au lieu de la révision très tardive et peu efficace des auditeurs, je préférerais certainement une Cour des Comptes sur le modèle de celle qui existe en Belgique.

On peut admettre que notre économie politique, dans

sa généralité, est très bonne, et que cela est en grande partie dû au comité des finances, comme aussi au *folkthing* lui-même. On doit, toutefois, faire observer que beaucoup de nouvelles dépenses sont accordées par des bills spéciaux. Il arrive souvent que la Chambre est disposée à voter même de fortes sommes par ce procédé plus facilement que dans le budget, de même que le Gouvernement, au moyen de commissions royales, renfermant des membres influents des Chambres, réussit souvent à obtenir de grandes dépenses à l'aide de la Chambre. Après tout, la Chambre est néanmoins très ménagère. Je devrais attribuer, en outre, le mérite de notre économie politique à notre constitution très démocratique, plus encore qu'à notre manière spéciale d'agir à l'égard du budget.

La majorité, dans ce pays, est avec les laboureurs, les paysans propriétaires, les propriétaires fonciers ; les laboureurs suivent les paysans propriétaires, et, comme en Suède et en Norwège, au contraire de ce qui se passe dans le reste de l'Europe, ils siègent en personne dans la Chambre. Notre large franchise électorale en Danemark produit une majorité qui, certainement, n'est pas la plus intelligente et qui est peut-être même plus démagogique que dans les autres contrées scandinaves, parce que nous avons le suffrage universel complet, comme à présent en France. La dissidence entre les deux Chambres est aussi une grande difficulté, mais la majorité rurale a certainement le principal mérite de notre économie politique. Les membres de cette majorité votent facilement de grandes dépenses pour les chemins de fer, les écoles pour le peuple, mais ils se décident difficilement à voter des traitements excédant leurs propres revenus, évalués très bas. Nos fonctionnaires du Gouvernement sont mieux payés qu'en Prusse, par exemple ; cependant, la situation économique en Danemark est telle, quant à présent, que les demandes de candidats pour des emplois sont très réduites. Sous l'ancien gouvernement absolu, tout homme intelligent aspirait à une position sûre dans une fonction gouvernementale, il peut arriver peut-être dans le gouvernement d'aujourd'hui que, comme en Hollande, il n'y ait presque que les gens disposés à bien faire qui puissent occuper une fonction. Après tout, cela ne causerait aucun préjudice à notre état social.

Ce qui intéresse encore plus les finances, ce sont les dépenses militaires. Les crédits proposés pour l'armée, très considérables pour notre petit pays, trouveront une faible résistance de la part de nos classes intelligentes, soumises à l'influence militaire, et à tout le corps officiel, de même les crédits pour nos hommes de lettres, « la gloire du pays », sont communément considérés comme étant de plus d'importance que l'économie ; nos fermiers, après tout, ne sont pas portés à accorder de l'argent pour les institutions militaires coûteuses, et spécialement, ils n'ont pas de dispositions pour employer un gros capital en fortifications, eu égard à la situation de notre petit pays. Je ne pense pas qu'ils aient tort. Quant aux abus graves en administration, nous n'avons pas à en signaler en Danemark ; beaucoup de réformes ont été introduites en 1848, l'année de notre constitution ; il y a certainement encore beaucoup à faire ; mais, maintenant, avec notre parti de paysan en majorité, et en opposition avec le Gouvernement, très peu de dépenses nouvelles sont votées par la Chambre basse ; d'un autre côté, presqu'aucunes réformes administratives ne seront tentées par le présent ministère conservateur. La majorité de la Chambre, en ce moment, dans l'opposition, est encore plus disposée aux économies, qu'elle le serait, si elle formait le Gouvernement. Le cabinet, d'un autre côté, étant de la minorité dans la Chambre, ne cherche qu'à résister aux réformateurs.

Toute notre situation stationnaire est, en vérité, loin d'être agréable, quant à son opposition, au point de vue économique, je ne puis cependant pas donner beaucoup de torts politiques à notre majorité rurale.

Réponses du comte de Sponneck, directeur de la Banque nationale de Copenhague, aux questions du *Cobden-Club :*

I. Dans les plus grands détails et avec les explications les plus circonstanciées ;

II. Les articles proposés par le Gouvernement ou par les membres de la législature, ayant un pouvoir d'initiative illimité, sont discutés *ad libitum*, partie en pleine assemblée, partie dans des comités choisis par l'assemblée.

III. Selon les indications de la Chambre, les dépenses sont divisées ou non et renvoyées à des commissions séparées.

IV. Les ministres de la Couronne sont admis à faire des observations ; mais les décisions et les propositions du comité sont seules soumises à l'examen et aux modifications de l'Assemblée.

V. La Constitution du Danemark garantit suffisamment l'indépendance de la législature et des comités contre toute tentative du Gouvernement pour les entraver ou pour en abuser.

VI. Les dépenses nationales et leur conformité avec le budget approuvé par la législature, sont contrôlées par un comité de révision (the stats revision), composé de quatre membres, deux choisis par chacune des Chambres, « le Folkething et le Landsthing », les propositions de ce comité de révision sont soumises aux Chambres et approuvées par elles avant de donner quittance des comptes de l'Etat pour chaque année.

VII. La marche suivie par le Corps législatif en

Danemark, « le Rigsdag », a, par l'expérience, paru très efficace, et quelquefois même trop énergique, dans la restriction des dépenses recommandées par le Gouvernement. Les efforts pour limiter les abus dans l'administration ont été une chose très salutaire.

W. SPONNECK.

Copenhague, 6 juillet 1876.

FRANCE

SOMMAIRE

I. Le Gouvernement, au commencement de la session annuelle, présente, sous la forme d'un volume, les détails des dépenses proposées pour l'année suivante. Ainsi les évaluations de dépenses pour 1877 sont déposées sur le bureau de l'Assemblée en mars 1876. Il contient un état financier établi par le ministre des finances et un projet de loi divisé en vingt-deux sections avec sept états. Savoir :

a Evaluation générale de la dépense ;
b Etat des taxes et impôts pour 1877 ;
c Sommes à payer par chaque département ministériel, tels que : impôt foncier, impôt personnel, impôt sur les portes et fenêtres ;
d Etat des contributions, droits, redevances dont la perception est autorisée ;
e Etat général des voies et moyens ;
f Recette de dépenses de fonds spéciaux ;
g Comptes spéciaux.

Il y a, en outre, dans ce volume une situation générale du budget de l'année, une comparaison entre les sommes à percevoir et celles des dépenses. Le budget de l'année passée est mis en comparaison avec celui de l'année précédente. Il y a une situation de la Dette non consolidée ou flottante ; la dernière partie contient une évaluation très détaillée des recettes et des dépenses. Les articles de dépenses sont donnés séparément pour chacun des départements ministériels :

1. Justice et Cultes,
2. Affaires étrangères,
3. Intérieur et Algérie,
4. Finances,
5. Guerre,
6. Marine et Colonies,
7. Instruction publique,
8. Agriculture et Commerce,
9. Travaux publics.

II. La Chambre des Députés élit une commission du budget de trente-trois membres. Cette commission est divisée en sous-comités, chacun d'eux examine un ou deux budgets des différents départements ministériels. Chaque chose est exposée devant la commission du budget dans les plus grands détails, le ministre des finances et les autres fonctionnaires se tiennent prêts à donner des explications et des renseignements. Un rapporteur est nommé par la commission pour dresser un rapport spécial du budget. Quand la commission du budget a terminé son travail, elle dépose ses conclusions devant l'Assemblée sous la forme d'un ou de plusieurs rapports qui sont imprimés et distribués. Après cela vient la discussion du budget en pleine Assemblée. Alors a lieu une discussion sur le budget dans son entier, et ensuite une discussion sur chacun de ses différents détails. Chaque article de dépense est voté séparément. Chaque membre a le droit de proposer des amendements, en vue soit d'augmenter, soit de diminuer les dépenses.

Le Gouvernement a naturellement le même droit, et naturellement encore il combat plus ou moins tout changement proposé par la commission du budget. Le vote de l'Assemblée décide la forme que le budget devra avoir définitivement. Les mêmes règles sont applicables à la manière d'agir du Sénat à l'égard du budget, mais la commission sénatoriale du budget est seulement composée de dix-huit membres.

III. Le budget a autant de divisions qu'il y a de ministères, et les dépenses de chaque ministère sont réparties en plusieurs chapitres et sections. Le tout est présenté à la commission ; mais il est d'usage, comme cela a été dit plus haut, de subdiviser la commission du budget et de donner à chaque subdivision le budget d'un département ministériel à examiner.

IV. Les décisions prises par la commission ou les sous-commissions n'ont aucune force légale par elles-mêmes, l'Assemblée décide chaque chose par ses votes soit pour, soit contre les propositions du Gouvernement, de la commission, ou des députés individuellement.

V. Quoique le vote de la commission n'ait aucune force légale, à moins qu'il ne soit confirmé par l'Assemblée, la commission a toute liberté et autorité pour remplir sa mission, qui est celle d'examiner le budget dans tous ses détails, d'interroger tous fonctionnaires, et de formuler les résolutions qui doivent être proposées à l'Assemblée.

VI. Comme la commission du budget est toujours constituée avec le pouvoir spécial de s'occuper du budget lui-même, et comme chaque député conserve son droit de proposer des amendements dans l'Assemblée, il n'a pas paru nécessaire de prévoir d'autres moyens spéciaux pour garantir l'indépendance de la commission.

VII. Le système actuellement en vigueur en France, pour faire le budget, donne le contrôle le plus réel sur les dépenses du Gouvernement. Mais, comme les membres individuels de la Chambre ont le droit de proposer de nouvelles dépenses, ou des crédits additionnels, l'équilibre financier proposé par le Gouvernement peut aussi être compromis par de pareilles propositions ou par celles de la commission du budget, mais la législature conserve le droit de décider dans chaque cas quelle marche sera adoptée.

Une des parties les plus importantes du système

financier de la France, c'est l'institution de la Cour des Comptes, composée de magistrats éminents, qui, comme tribunal suprême, veille à ce que chaque article de dépenses soit accompagné d'autorisations suffisantes, selon les formes prescrites par la loi. Tout paiement effectué doit être approuvé par la Cour des Comptes. Il n'est plus permis de transporter une dépense ou un paiement d'un département ministériel à un autre, comme cela s'est souvent fait sous le second empire.

Lettre de M. Léon Say, Ministre des Finances.

Paris, 8 juillet 1876.

Monsieur,

J'ai l'honneur de vous envoyer avec cette lettre, la note répondant, en ce qui concerne la France, aux questions formulées par le *Cobden-Club*, sur les moyens de contrôle appliqués aux dépenses publiques.

Les prescriptions qui règlent la présentation de la discussion de notre budget, ayant été déjà expliquées d'une manière complète par un certain nombre d'auteurs, les réponses suivantes ont été limitées au sept questions exposées dans la circulaire du *Cobden-Club*.

Acceptez.

Léon SAY,
Ministre des Finances.

A M. Polter, esq. sec. hon. du *Cobden-Club*.

Réponse de M. Léon Say.

I. Le Gouvernement, au commencement de la session annuelle du Parlement, dépose sur le bureau de la

Chambre des Députés, le projet de budget de l'année suivante, comprenant avec l'énumération des contributions, taxes, etc., dont la perception a été autorisée, l'indication du produit présumé de chacune d'elles, et les détails des crédits demandés pour les dépenses ordinaires et extraordinaires des différents ministères ou départements.

Le projet de budget est imprimé et ensuite distribué à tous les membres du Parlement.

Il est discuté et voté d'abord par la Chambre des Députés et ensuite par le Sénat.

II. Tout projet de loi présenté à la Chambre des Députés est soumis à la procédure suivante :

La Chambre est divisée chaque mois, par tirage au sort, en onze groupes égaux appelés bureaux, chaque bureau discute le projet sommairement et, ensuite, nomme un ou deux commissaires ou rapporteurs, selon l'importance du projet.

La réunion de ces onze, vingt-deux ou trente-trois commissaires ou rapporteurs, ainsi nommés, forme la commission qui est chargée de l'examen complet du projet et des amendements proposés ; elle présente ensuite un rapport.

Cette procédure générale est applicable au projet de budget. La commission du budget est composée de trente-trois membres et est divisée en plusieurs sous-commissions.

Quand la commission du budget a fait son travail, elle dépose ses conclusions devant la Chambre, sous la forme d'un rapport dûment imprimé et distribué.

Jusque là la discussion ne doit pas commencer en pleine assemblée.

On doit ajouter qu'à cette commission du budget doivent être envoyés tous les projets du Gouvernement pour des demandes de crédit supplémentaires ou extraordinaires, concernant les dépenses courantes ; et tout projet de loi du Gouvernement, ainsi que toute proposition émanant de l'initiative du Parlement dont l'objet serait de modifier les ressources ou les dépenses de l'Etat.

Ainsi, aucune dépense nouvelle, aucune augmentation de dépense ne peut échapper à la commission du budget.

Les mêmes règles sont applicables à la discussion du budget par le Sénat, mais la commission du budget par le Sénat est composée seulement de dix-huit membres (1).

III. Le projet de budget des dépenses est divisé en autant de parties qu'il y a de ministères, ou en chapitres et articles pour chaque ministère.

Le tout est envoyé à la même commission, mais il est d'usage, ainsi que cela a été indiqué, que la commission du budget soit divisée en autant de sous-commissions qu'il y a de départements ministériels.

Dans la Chambre des députés, par exemple, la commission du budget de 1877 (juin 1876) est divisée en cinq sous-commissions :

Sous-commission des finances ;

Sous-commission de l'intérieur, de l'Algérie et des affaires étrangères ;

Sous-commission de la guerre et de la marine ;

Sous-commission de la justice, des cultes, de l'instruction publique et des beaux-arts ;

---

(1) Signalons cette particularité que la commission des finances à la Chambre des députés n'est formée qu'après le dépôt du budget, tandis qu'au Sénat la commission du budget est formée dès l'ouverture de la session, et par conséquent avant le dépôt du budget. Cette différence s'explique par la force des choses. Le Sénat ne devant avoir le budget qu'après l'examen et le vote de la Chambre aurait à peine le temps de se livrer à une étude sérieuse du budget si la commission n'était formée qu'après le dépôt de ces documents. Tandis que formée dès l'ouverture de la session, la commission du budget au Sénat peut se livrer à l'étude du budget avant qu'il n'arrive à cette assemblée.

N. du Tr.

Sous-commission des travaux publics, de l'agriculture et du commerce.

Le vote sur le budget est donné chapitre par chapitre.

IV. Les décisions prises par la commission du budget n'ont, en elles-mêmes, aucune valeur légale, la Chambre a le droit absolu de vote. Le Gouvernement peut obtenir dans « la Chambre réunie » les crédits dont la commission du budget a formulé la suppression, de même aussi les auteurs d'amendements au budget peuvent obtenir le maintien de leurs propositions, malgré les conclusions contraires de la commission.

V. Les votes de la commission du budget sont, comme cela a été dit plus haut, sans effet légal, ils ne sont qu'une recommandation auprès de l'Assemblée pour la décision à prendre, mais la commission a toute l'autorité nécessaire pour l'accomplissement du travail qui lui est confié ; elle peut obliger les ministres à lui donner toutes les explications nécessaires.

VI. Cette question n'est, en aucun cas, applicable à la procédure établie en France.

VII. Le système actuellement en vigueur en France soumet à un contrôle très efficace le Gouvernement et l'administration, en ce qui concerne la nécessité et l'utilité des crédits demandés. Malheureusement, en France, il n'est pas interdit, comme en Angleterre, aux membres du Parlement de prendre eux-mêmes, au moyen d'amendements et de propositions, l'initiative de dépenses nouvelles et d'augmentation de crédits. L'équilibre préparé par le Gouvernement court ainsi le risque d'être compromis par les personnes même dont la mission propre serait de retenir l'administration publique, en matière de dépenses, au lieu d'encourager l'accroissement de ses budgets.

M. de Franqueville écrit de Paris, 12 juillet 1876.

Cher Monsieur, je reçois votre note à mon retour à Paris, et j'ai l'honneur de vous envoyer la réponse aux différentes questions concernant le système français sur le vote des dépenses publiques.

FRANQUEVILLE.

A M. Potter, esq. M. G.

Réponse de M. de Franqueville.

Le Gouvernement envoie à l'Assemblée nationale, aussitôt qu'il le peut, dès le commencement de la session, un très gros volume (imprimé à l'Imprimerie nationale, sous la surveillance du ministre des finances) contenant en détails les articles de dépenses proposés pour l'année suivante. Ainsi, le volume contenant les évaluations pour l'année 1877 (1er janvier au 31 décembre) fut déposé sur le bureau de l'Assemblée nationale le 14 mars 1876, il porte pour titre : Projet de loi pour la fixation des recettes et des dépenses de l'exercice de 1877 ; il contient d'abord un exposé financier par le ministre des finances, ensuite un projet de loi divisé en vingt-deux articles, avec sept tableaux.

a Evaluation générale de la dépense.

b Tableau des contributions, taxes à percevoir en 1877.

c Sommes à payer par chaque département, comme impôt foncier, impôt personnel, impôt des portes et fenêtres.

d Tableau des contributions, droits, taxes dont la perception est autorisée.

e Exposé général des voies et moyens.

f Recettes et dépenses spéciales.

g Affectations spéciales.

Le même volume contient, en outre, une annotation générale sur le budget de l'année, une comparaison entre les sommes à recevoir et celles à dépenser; le budget de l'année passée est comparé à celui de l'année présente, avec un tableau de la dette flottante.

Cette dernière partie, qui n'a pas moins de mille deux cent vingt pages, contient une évaluation détaillée des recettes et des dépenses.

Les articles de dépenses sont donnés séparément pour chacun des services publics :

1° Justice et cultes;

2° Affaires étrangères;

3° Intérieur et Algérie ;

4° Finances;

5° Guerre ;

6° Marine et colonies;

7° Instruction publique et beaux-arts;

8° Agriculture et commerce ;

9° Travaux publics.

Il faut ajouter que le budget de chaque département ministériel est divisé en un grand nombre d'articles qui doivent être votés séparément.

Jusqu'à la fin du gouvernement impérial, le budget était voté, d'abord par le Conseil d'Etat, ensuite par le Corps législatif, troisièmement par le Sénat. Sous le système actuellement en vigueur, il est seulement nécessaire que le budget soit voté par l'Assemblée nationale et par le Sénat.

Aussitôt que le budget a été placé sur le bureau, l'Assemblée nationale nomme une commission spéciale dite commission du budget, qui est divisée en un certain nombre de sous-commissions. Chaque sous-commission est chargée d'examiner les articles de dépenses d'un ou de deux ministères. La présence du ministre ou des autres personnes officiellement désignées chaque année comme commissaires du Gouvernement, est nécessaire pour obtenir les renseignements et les explications utiles; elles énumèrent aussi les divers amendements qui peuvent être proposés par les membres de la réunion. L'examen du budget terminé, un rapporteur est nommé et il est chargé de dresser un rapport spécial.

Le rapport est d'abord lu devant la sous-commission, et s'il est approuvé, il est ensuite lu devant la commission entière. Outre les rapports spéciaux, contenant des résolutions et des avis pour chacun des services publics, un rapport général est fait par un membre de la commission dans le but d'exposer l'économie générale du budget.

Quand les rapports généraux et spéciaux ont été déposés sur le bureau, on fixe un jour pour la discussion en pleine assemblée. Il y a d'abord ce que l'on appelle la discussion générale, c'est-à-dire une discussion sur la politique financière du Gouvernement; vient ensuite la discussion sur les différentes parties du budget.

Chaque article de dépenses est voté séparément, et tout membre a le droit de proposer comme amendement, soit une augmentation, soit une diminution des crédits proposés par la commission. Le Gouvernement a naturellement le même droit, et l'exerce particulièrement pour obtenir le vote de la somme qu'il a portée dans ses évaluations, lorsque cette somme a été réduite par les commissions.

Il faut noter que le principe général de la Constitution anglaise, d'après laquelle aucune somme ne peut être votée, aucun crédit augmenté sans la demande spéciale du Gouvernement n'est pas admis par la législation française, en sorte que tout membre a le droit de proposer, et l'Assemblée a le droit de voter, toute somme qui lui convient sans limitation.

Je pourrais ajouter qu'il résulte de l'expérience que la marche suivie par l'Assemblée Nationale n'a pas eu pour résultat d'abaisser les charges appuyées par le Gouvernement, ou de limiter les abus administratifs.

Exposé de M. de Fontpertuis.

I. Il n'y a pas d'époque fixée pour la présentation du budget (recettes et dépenses); habituellement cependant, il est présenté au commencement de la session parlementaire. Cela est même obligatoire en ce sens, que le Gouvernement ne peut éviter de faire cette présentation à une époque quelconque de la dite session.

Quand le projet de budget a été présenté à la Chambre, il est publié avec ses détails, son exposé des motifs, dans le *Journal officiel.*

Cet exposé met en évidence les augmentations ou les réductions des crédits demandées, et les justifie; il donne en outre un compte de l'augmentation ou de la diminution qui s'est produite dans les recettes du budget précédent, considéré comme servant de bases aux évaluations et prévisions du budget suivant.

Le budget des dépenses forme la matière d'un volume séparé, qui doit être remis à tous les députés et sénateurs, et dont les journaux peuvent se procurer facilement un exemplaire.

II. La dépense est votée par le Corps législatif tout entier, par section, chapitre et article pour chacun des ministères.

Mais chacune des Chambres nomme une commission du budget qui peut, comme cela a lieu d'ordinaire, se diviser en sous-commissions. Celles-ci se partagent entr'elles l'examen des différents ministères, et préparent des rapports séparés, elles proposent pour chaque branche des services publics les accroissements ou les diminutions de dépenses qu'elles regardent comme utiles.

III. Les détails ci-dessus répondent à la troisième comme à la seconde question.

IV. La commission du budget ou ses sous-commissions examinent les dépenses des ministères pour lesquelles on propose des réductions. Si le ministre consent, cela termine l'affaire, sauf l'autorité supérieure de la Chambre, qui peut toujours accepter ou rejeter les propositions des commissions.

Si le ministre refuse, la question vient devant les Chambres qui par leur vote décident dans le sens du ministre ou des commissions.

La révision des décisions des commissions du budget appartient donc aux deux Chambres. Le Gouvernement a seulement le droit d'être entendu et de faire prévaloir, s'il le peut, ses propositions par ses arguments.

V. Toute indépendance a été assurée à la commission du budget qui a le droit de demander aux ministres et aux chefs de service, toutes les explications qu'elle juge nécessaire pour l'accomplissement de son devoir, et l'exécution de son travail.

Si la commission rencontrait une résistance à ce sujet, l'affaire serait soumise à la Chambre qui a tout pouvoir pour la résoudre.

VI. On a répondu à cette question par les détails donnés plus haut.

VII. Sur cette septième question, on peut répondre négativement, pour parler d'une manière générale, de même en ce qui concerne la France dont les dépenses n'ont pas cessé de s'accroître plus spécialement depuis 1852 jusqu'en 1870.

Différentes causes expliquent ce fait; sous le gouvernement de Juillet (Louis-Philippe), une vigoureuse impulsion fut donnée aux travaux publics, ensuite continuée sous l'Empire. Ce dernier Gouvernement eut d'ailleurs les habitudes les plus antiéconomiques possibles, il mettait sa gloire à faire les choses d'après une grande manière et prodigua les finances. Un Sénat servile, un Corps législatif nommé en apparence par le suffrage universel, en réalité par les préfets, n'étaient naturellement pas disposés à s'opposer à la prodigalité. Ces assemblées ne discutaient pas le budget, elles se bornaient à le voter (1). L'assemblée unique qui prit leur place en 1870 jusqu'en 1876, afin de remplir ce gouffre, et en même temps pour rétablir la situation militaire complètement détruite, a dû établir un des plus lourds budgets que l'on ait vu.

Le budget pour la marine a été réellement réduit, celui de l'armée, au contraire, a été notablement augmenté ; en cette matière, aucune économie ne peut être entrevue de longtemps. Le Gouvernement ne peut y songer, les Chambres et le pays n'y consentiraient pas s'il y songeait. Tout cela, on le voit, est un large champ ouvert aux futures économies. Ce serait une initiative hardie de la part de l'administration, mais nous sommes, comme on l'a dit souvent, beaucoup trop administrés ; dans cette matière, le Gouvernement n'est pas seul en faute. Les classes qu'on appelle dirigeantes sont ses complices ; avides de places pour leurs parents ou amis, les pères de famille, aussi, au lieu de pousser leurs enfants dans les affaires et le commerce préfèrent les transformer en petits personnages officiels.

La Chambre actuelle est animée des meilleures intentions de réformes, mais on ne peut lui demander de faire l'impossible. Cela demande plusieurs années d'un bon gouvernement et d'un véritable esprit républicain, avant qu'il soit possible, soit de remanier notre machine financière qui est loin d'être conforme aux vrais principes économiques, et qui est composée de parties hétérogènes, placées l'une sur l'autre et jointes aussi bien qu'on l'a pu, soit de mettre la cognée dans le système administratif si démesurément développé.

A. DE FONTPERTUIS.

---

(1) Il semble qu'en France tous les gouvernements qui se succèdent cherchent à cet égard à se surpasser, si on rappelle que le Gouvernement de Juillet avait donné une grande impulsion aux travaux publics, que l'Empire prodigua les finances. Le gouvernement actuel de la République semble disposé à les dépasser avec les

Lettre de M. Maurice Block.

Paris, 2 juillet 1876.

Monsieur,

Par votre circulaire imprimée du 28 juin 1876, vous me faites l'honneur de m'adresser un certain nombre de questions sur les moyens adoptés en France pour discuter et contrôler les dépenses proposées par le Pouvoir exécutif.

Quoique fort occupé en ce moment, je me hâte de de répondre à vos questions sans entrer dans les détails.

I. Dans les premiers mois de chaque année, le Gouvernement soumet à la Chambre des députés le projet de budget pour l'année suivante. Ainsi, en janvier ou février 1876, le budget pour 1877 fut présenté. Ce projet est très détaillé au moins autant que vos évaluations. C'est un très gros livre bleu.

II. La discussion du budget a lieu, comme pour chaque projet de loi, d'abord dans une commission spéciale élue par la Chambre. Cette commission est divisée en sous-commissions, le rapport est d'abord discuté en comité, et ensuite défendu devant la Chambre.

III. Certainement, en général, il y a une Commission pour examiner les dépenses de chaque ministre et une Commission spéciale pour les recettes, la commission est subdivisée comme elle le juge mieux.

IV. La commission du budget, dont les comités ou sous-commissions ne sont que des subdivisions, ne

---

projets de M. de Freycinet, ministre des travaux publics, qui atteindraient dans leurs prévisions le chiffre de cinq milliards. On reproche à l'administration impériale d'avoir aimé à faire grand, sous la République, l'administration s'annonce comme aimant le gigantesque, le vertigineux.

N. du Tr.

décide rien définitivement. Elle se borne à proposer à la Chambre une réduction ou une augmentation comme elle le juge convenable ; en général, elle appelle devant elle le ministre ou les chefs de service et discute avec eux les modifications du budget ; mais cette discussion n'a pas d'autre objet que celui d'éclairer les membres de la commission.

Dans la Chambre, le ministre et chaque député peuvent attaquer ou défendre les rapports de la commission, ou les propositions du Gouvernement, comme aussi de présenter des amendements. Les nouveaux amendements, c'est-à-dire des amendements qui n'ont pas été vus par la commission, sont renvoyés à celle-ci, avant d'être discutés, afin que la commission puisse donner son opinion.

En général, les vues de la commission sont adoptées par la Chambre, quelquefois cependant, la commission reste en minorité sur telle ou telle question.

V. Cette question ne me paraît pas très claire, du moins au point du vue français. Si vous me demandez dans quel degré la commission peut prendre une décision définitive, je répondrai, qu'elle n'a pas mission de prendre de décisions définitives, c'est l'assemblée générale de la Chambre qui décide sur la matière ; la Commission propose, et la Chambre vote.

Si, cependant, vous faites allusion à l'indépendance individuelle, je puis dire seulement qu'il n'y a aucune disposition pour cela, c'est une affaire d'honneur et de loyauté.

VI. Comme il y a toujours une commission, aucune réponse ne peut être faite à la question, toutefois j'ajouterai que les lois concernant la comptabilité publique mettent un certain frein aux dépenses exagérées, mais ce frein n'est pas assez énergique.

Le budget est voté par articles, et le Gouvernement ne peut changer les articles. Un article est un vote, une loi. Le Trésor paie seulement, pour chaque article de dépense, la somme allouée à ce titre. Nous appelons en France le *montant du crédit ouvert* le montant du crédit accordé.

VII. Votre septième question est très vague, elle demanderait un volume pour y répondre convenablement. Voici en deux mots le résultat de mes études : dans chaque pays, sans exception, la dépense s'accroît peu à peu, et cela ne peut être autrement, puisque la population augmente, et que ses besoins augmentent. Mais il est probable que le budget s'accroît plus rapidement que cela est nécessaire. Quant aux abus, on en trouve partout, on peut les diminuer, on ne peut les faire disparaître. Pourquoi ? Parce que le compte d'une dépense à faire est une matière d'évaluation, d'appréciation, et un ministre éloquent obtiendra toujours un vote de la majorité pour tout ce qu'il désire.

Je vous prie d'être assez bon pour considérer ces réponses brèves comme une preuve de mon désir de répondre à vos intentions.

Croyez-moi, etc., etc.

Maurice Block.

A T. B. Potter, esq. M. P.

Lettre de M. Coffinières.

Paris, juillet 1876.

Monsieur,

Je réponds à la lettre que vous m'avez fait l'honneur de m'adresser en juin dernier. Je m'empresse d'y répondre en suivant l'ordre de votre questionnaire.

I. Aussitôt l'ouverture de la session législative, le travail général est divisé entre neuf comités ou bureaux, dont les présidents et secrétaires sont nommés par la majorité. Un de ces comités est spécialement chargé du budget des dépenses, document qui est déposé préalablement sur le bureau du président de la Chambre par le ministre des finances. Ce budget proposé contient, en outre, diverses espèces de recettes consacrées aux besoins de l'Etat. Il donne un résumé des besoins financiers de chaque ministère. Il est divisé en chapitres spéciaux. La loi défend d'appliquer d'un chapitre à un autre, au moyen d'un transfert de fonds, les crédits ouverts pour un chapitre désigné, ce que l'on appelle *virements* (1).

II. C'est dans la commission même du budget, et avant tout débat public dans la Chambre, que les différents chefs de dépenses sont discutés, la commission a le droit d'appeler devant elle les ministres qui peuvent fournir les renseignements dont elle a besoin.

III. Les opinions formulées par les membres de la commission du budget et les décisions prises par elle forment le sujet d'un rapport minutieusement détaillé, dressé par le membre le plus compétent de la commission. Ce rapport est lu en séance publique et on ordonne l'impression et la distribution à chaque député.

IV. La Chambre seule, à la majorité du vote, peut modifier les dépenses demandées dans le projet ministériel.

V. La plus complète indépendance est assurée aux membres de la commission du budget, mais cela n'empêche pas qu'ils soient influencés par les ministres, qui cherchent à modifier les opinions de la commission dans le sens qui leur paraît préférable.

---

(1) Dans une discussion récente, au Sénat, sur le budget, on a signalé, comme une mesure plus grave que les *virements* au point de vue du contrôle, l'autorisation donnée de reporter par de simples décrets, aux exercices ultérieurs, les crédits votés sur fonds d'emprunt pour travaux extraordinaires et restés sans emploi dans l'exercice courant. Cette faculté laisse, en effet, aux mains des ministres des sommes non prévues, et dont les Chambres ne peuvent connaître l'importance. N. du Tr.

Aucun Gouvernement ne s'abstient d'employer, dans ce but, tous les moyens qu'il peut avoir à sa disposition.

VI. Un des meilleurs moyens de contrôle des dépenses de l'Etat consiste dans le droit qu'ont tous les journaux sans distinction, de discuter la question, et comme chaque parti est représenté dans la Chambre par un nombre plus ou moins grand des membres de la commission du budget, il s'ensuit qu'avant d'être débattue dans le Corps législatif, la dépense a été discutée par toute la presse.

VII. A ces différents éléments de contrôle, il est juste d'ajouter l'extrême prudence avec laquelle chaque ministre fixe la dépense de son département. Cette méthode a beaucoup contribué à prévenir les prodigalités civiles, militaires et maritimes.

Enfin, une des plus remarquables institutions du système financier de la France, c'est la Cour des comptes : elle est composée de magistrats éminents, qui siègent comme tribunal suprême, et veillent à ce que chaque article des dépenses soit mentionné par une pièce justificative établie dans la forme prescrite par la loi de finances (1).

Je suis, etc.

COFFINIÈRES.

A T. B. Potter, esq. M. P.

---

(1) Aucun des correspondants français du Cobden-Club n'a signalé un autre moyen très efficace de contrôle l'*institution des inspecteurs des finances*. Ces fonctionnaires parcourent la France chaque année, ils exercent leur contrôle sur les agents des administrations financières dans les départements, et s'assurent que les prescriptions administratives sont observées. Il est vrai que les inspecteurs des finances sont les délégués du ministre des finances responsable, qu'ils ne constituent pas une institution indépendante, et que le ministre pourrait modifier leur organisation, provoquer même leur suppression, s'il jugeait un autre moyen de contrôle plus efficace pour garantir sa propre responsabilité.

N. du Tr.

Lettre de M. Gustave d'Eichtal.

Juillet 1876.

Cher Monsieur,

La circulaire signée par vous, concernant le contrôle des dépenses publiques, m'a été renvoyée peu de jours après mon retour de voyage. Je n'ai jamais touché aux questions politiques, et je serais sur quelques points embarrassé de répondre exactement aux questions du *Cobden-Club*, je puis cependant vous dire que dans l'état actuel des choses en Europe et en France, je ne vois pas quel autre contrôle, qu'un contrôle parlementaire, pourrait être exercé sur les dépenses publiques. En France, ce contrôle est exercé par la commission du budget de la Chambre des Députés et par les sous-commissions formées dans son sein. Ce contrôle est plus ou moins réel et sérieux, selon que la Chambre est plus ou moins indépendante du pouvoir central, et selon qu'elle a plus ou moins d'initiative. Sous l'Empire et même jusqu'à l'élection de la Chambre actuelle, ce contrôle était nul, ou simplement nominal. La crainte d'offenser avait une influence restrictive jusqu'à un certain point. Dans la Chambre actuelle, M. Gambetta étant nommé membre et président de la commission du budget, donna à celle-ci une importance vers laquelle elle tendait naturellement (1).

Mais pour vous donner mon opinion réelle, je pense que tous les efforts pour modérer les dépenses publiques seront sans efficacité aussi longtemps que l'esprit général et la tendance de la société ne changeront pas, aussi longtemps qu'une condition ou état de paix, —

(1) On a même souvent exprimé l'opinion que le choix de cette nomination avait donné à la commission du budget une attitude tout à fait politique, qui l'avait amené à s'attribuer une prépondérance excessive.

N. du Tr.

paix organisée, — entre les nations n'aura pas pris la place d'un état de guerre ou même de paix armée. Au nom de la sûreté et de la gloire nationale, les Gouvernements seront toujours entraînés, même malgré leur volonté, à demander des sacrifices au pays qui n'osera pas les refuser. En outre la guerre est une école de prodigalité et de confusion, et il est très difficile aux Gouvernements qui ont pour objectif le pouvoir militaire, de ne pas être plus ou moins soumis à ces mauvaises tendances.

Le remède à cela, mais il ne peut être appliqué immédiatement, est que la société, au point de vue matériel, devra se considérer comme un grand établissement de production, une grande société industrielle, qui, comme toutes les sociétés de ce genre, s'enrichit par le travail, par l'économie, et le bon emploi de ses ressources. Dans cette matière le monde commercial a lui-même quelque chose à apprendre. Depuis le commencement du siècle on me semble disposé à employer les ressources nationales du monde comme si on les regardait comme illimitées, mais ce n'est cependant pas le cas. Avant qu'il soit longtemps, ceci sera, je pense, reconnu, ainsi qu'on a déjà reconnu que la guerre dans les conditions où elle est faite aujourd'hui coûte trop cher pour être une satisfaction qu'on puisse se permettre longtemps, le monde sera ainsi conduit à organiser cette grande société de travail qui fut le rêve de mon maître Saint-Simon, comme il fut celui de Cobden, et les évènements actuels tendent à en hâter la réalisation (1).

Agréez,

Gustave d'Eschtal.

T. B. Potter, Esq. M. P.

---

(1) D'après les documents publiés par la presse, nous serions encore loin de voir la réalisation des espérances exprimées dans cette lettre.

Voici, en effet, d'après ces sources, ce que coûtaient les armées de terre et de mer aux différentes puissances de l'Europe en 1865 et en 1879 :

Etats.	Dépenses en 1865. Millions de francs.	Dépenses en 1879. Millions de francs.
Allemagne	247	534
Autriche-Hongrie	269	288
France	445	675
Grande-Bretagne	675	806
Russie	547	913
Espagne	150	180
Italie	254	289
Pays-Bas	46	74
Belgique	36	48
Danemark	11	22
Suède	20	32
Norwège	9	14
Portugal	25	45
Grèce	8	15
Turquie et dépendances	135	172
Suisse	9	14
	2,940	4,024

Moins de 3 milliards en 1865, plus de 4 nilliards en 1879 pour les armées européennes sur le pied de paix, et encore M. de Bismarck s'est aperçu dans ces derniers temps que cela ne suffisait pas pour garantir la sécurité de l'Allemagne, et que son pays avait besoin de 11 régiments de plus et de 40 batteries, devant entraîner de 30 à 35 millions de frais de premier établissement, puis de 20 à 25 millions de dépenses annuelles.

N. du Tr.

ALLEMAGNE

SOMMAIRE

I. Le Gouvernement de l'Empire d'Allemagne et de l'Etat prussien est obligé, avant le commencement de chaque année politique, de déposer devant le Parlement une évaluation détaillée de toutes les recettes et dépenses de l'année. Les évaluations sont accompagnées, d'exposés de l'administration financière de l'Empire, qui contiennent les bases des évaluations, spécifient les recettes et les dépenses plus en détail ; montrent les écarts de l'année précédente. Dans l'Empire allemand le Reichstag et le Bundesrath ; en Prusse la Chambre des députés, et la Chambre des seigneurs, arrêtent le budget et lui donnent force de loi. Le Reichstag et la Chambre des députés examinent et autorisent les perceptions et les dépenses des revenus pour l'Empire d'Allemagne et pour la monarchie prussienne, chacun en ce qui le concerne.

II. La discussion, et l'autorité des lois financières sont préparées en principe par les discussions en commission. Chaque année une commission spéciale du budget est formée par le Reichstag et par la Chambre des députés pour la discussion préliminaire. Cette discussion embrassait autrefois toutes les évaluations; maintenant elle n'a lieu en principe que pour les parties qui, dans l'opinion de la Chambre, demandent spécialement un examen minutieux. La commission se compose de quatorze à trente-cinq membres. Des délégués du ministère des finances, et de certaines administrations publiques, selon les circonstances, assistent aux discussions. La discussion close, la commission décide sur les propositions à soumettre à la Chambre, et désigne des rapporteurs pour fournir soit verbalement, soit par écrit un compte-rendu des opérations de la commission. Si cette forme stricte de discussion n'est pas adoptée, des membres de la Chambre sont désignés individuellement par le président comme commissaires pour des parties spéciales du budget, telles que les écoles, les forêts, etc. Le Gouvernement nomme aussi des agents expérimentés en qualité de commissaires pour des parties spéciales de l'administration financière. Les premiers obtiennent pour les derniers tous les renseignements dont ils auront besoin. Les commissaires présentent souvent une longue liste de questions qui sont soumises aux chefs des différents services, et auxquelles on répond par écrit : les questions et réponses sont imprimées et distribuées aux membres de la Chambre.

III. Différents commissaires sont nommés pour différentes parties de l'administration des finances, mais la commission du budget est élue pour examiner le budget dans son entier. En Prusse, on avait l'habitude de diviser cette commission en sous-commissions, auxquelles des parties différentes du budget étaient remises pour la discussion.

IV. Les discussions de la commission du budget déterminent les propositions qui sont soumises à l'Assemblée générale, elles sont adoptées ou rejetées par elle après discussion.

V. Il n'y a aucune réglementation spéciale sur la manière de procéder de la commission du budget, comme distincte des affaires soumises à l'Assemblée législative.

VI. Il semble donc qu'il y a toujours, soit une commission formée pour examiner les propositions financières de l'année, soit des commissaires nommés par le président de la Chambre et par le Gouvernement respectivement, mais que la décision reste à la législature.

VII. La réponse à cette question est donnée pour le mieux dans le passage correspondant de la réponse suivante de M. le professeur Nasse.

Réponse de M. Nasse, professeur d'économie politique.

I. Le Gouvernement de l'Empire d'Allemagne et de la Monarchie prussienne est obligé, avant le commencement de chaque année (1) politique, de déposer devant le « Reichstag (2) » ou le « Landstag (3) » une évaluation détaillée de la totalité des recettes et des dépenses pour l'année. Ces évaluations sont accompagnées de « projets pour l'administration financière de l'Empire », qui contiennent la base des évaluations, spécifient avec plus de détails les recettes et les dépen-

---

(1) M. de Bismarck a saisi le Conseil fédéral de l'Empire d'un projet qui modifierait cette obligation du Gouvernement D'après ce projet il s'agirait de doubler la période budgétaire : au lieu de voter les recettes et les dépenses de l'Empire pour douze mois seulement on les voterait pour deux ans à la fois, en même temps la durée de la législature serait portée de trois à quatre ans, afin que chaque Chambre ait des budgets à voter. M. de Bismarck appuie sa demande de réformes sur l'impossibilité matérielle où se trouve le Reichstag de suffire à ses nombreux travaux, mais il est permis de croire que l'illustre chancelier qui ne dissimule pas son peu de goût pour le régime parlementaire, a voulu diminuer les ennuis que lui cause le contrôle perpétuel qui est la base du régime représentatif, et qu'il désire n'avoir pas à passer si fréquemment sous les fourches caudines des votes budgétaires.

(2) Le Reichstag représente l'universalité du peuple allemand, l'empire d'Allemagne, les membres sont élus par le suffrage universel.

(3) Le Landstag est le parlement prussien, composé de la Chambre des seigneurs, et de la Chambre des députés. Les deux Chambres et le Roi forment le pouvoir législatif, en Prusse.

N. du Tr.

ses et rendent un compte précis des modifications de l'année précédente.

La fixation des recettes et des dépenses que l'administration devra probablement faire dans l'année, a lieu avant le commencement de l'année, ou dans les premiers mois, sous la forme d'une loi que les différents éléments de la législature doivent approuver. Ces éléments sont pour l'Empire le Bundesrath (1) et le Reichstag, et pour l'Etat prussien, la Chambre des députés, la Chambre des seigneurs et le Roi. Les évaluations ainsi arrêtées, sont publiées comme une loi et forment la règle légale pour l'administration financière de l'année qu'elle concerne.

Le centre de gravité de l'examen parlementaire, concernant les évaluations, est naturellement placé dans les Assemblées réellement représentatives : le Reichstag et la Chambre des députés qui, chaque année, se livrent à un examen nouveau et autorisent chaque article particulier dans l'administration financière, et, en réalité, déterminent à la fois le montant des sommes et les projets auxquels elles doivent être exclusivement employées. Il n'y a aucune distinction à faire entre les dépenses qui reposent sur l'établissement des lois permanentes (c'est-à-dire les charges sur les fonds consolidés) et les emplois des revenus pour lesquels une base légale permanente n'existe pas.

---

(1) Le Bundesrath est pour ainsi dire l'Assemblée supérieure de l'Empire, il est composé de délégués des divers gouvernements allemands, il forme avec le Reichstag le Pouvoir législatif de l'Empire. En ce qui concerne l'Empire, l'Empereur n'est pas un des éléments du Pouvoir législatif, il n'a aucun droit de sanction ni de *veto*. Il est seulement chef du Pouvoir exécutif et à ce titre chargé de la promulgation des lois concernant l'Empire.

Mais le Bundesrath est présidé par le grand chancelier qui est nommé par l'Empereur et dans le chiffres des voix du Bundesrath, qui est de 58, la Prusse compte pour 17.

N. du Tr.

II. La discussion et le vote de la loi soumis aux Assemblées législatives, sont préparés, selon l'usage, soit dans le Reichstag allemand, soit dans la Chambre prussienne des députés, par des discussions en commission. Il y en a de deux espèces.

Premièrement, une commission spéciale du budget est élue par le Reichstag et par la Chambre des députés pour la discussion préliminaire de la loi; il y a dix années passées, l'usage avait toujours été de reporter toutes les évaluations à la commission pour subir une discussion préliminaire. A présent, ceci a lieu en principe, seulement pour les parties qui, dans l'opinion de la Chambre, demandent un examen spécialement minutieux. Lors des discussions de la commission qui se compose de quatorze à trente-cinq membres, sont présents, des délégués du ministère des finances ainsi que des départements spéciaux qui doivent faire emploi des sommes discutées. Ils donnent les renseignements nécessaires et défendent les propositions du Gouvernement. Ces discussions terminées, la commission arrête les propositions qui devront être portées devant la Chambre, elle désigne un ou plusieurs rapporteurs pour faire les rapports des résolutions de la commission, soit verbalement, ou par écrit s'il s'agit d'affaires difficiles et importantes. Si on n'adopte pas cette forme stricte et minutieuse de discussion du budget, alors le président de la Chambre désigne individuellement des membres de la Chambre, en qualité de commissaires, pour certaines parties du budget: forêts, domaines, écoles, etc. De son côté, le Gouvernement nomme aussi des fonctionnaires supérieurs, ayant l'expérience de ces matières, pour être ses propres commissaires, chargés de défendre ces parties de l'administration financière. Les premiers requièrent de ceux-ci tous les renseignements qui sont nécessaires, ou qui paraissent désirables. Ils sont, par cette raisen, utiles en même temps aux partis politiques et aux membres individuels de la Chambre. Souvent les commissaires présentent une longue liste de questions qui sont soumises aux chefs des différents départements et auxquels ceux-ci répondent par écrit. Ces questions et ces réponses sont alors imprimées et remises à tous les membres de la Chambre.

III. Lors de la désignation des commissaires, ainsi que cela a été dit, divers commissaires sont désignés pour différentes parties de l'administration financière. La commission du budget, d'un autre côté, représente l'administratien dans son ensemble. Antérieurement, cependant, c'était l'usage en Prusse, lorsque l'administration, dans son ensemble, était discutée par la commission du budget, de diviser la commission en sous-commissions, auxquelles des parties déterminées étaient remises pour une discussion spéciale.

IV. Les décisions de la commission du budget constituent les propositions qui sont soumises à la Chambre entière, et qui sont adoptées ou rejetées après discussion en règle.

V. VI. Il n'y a aucune réglementation spéciale pour guider la discussion de la commission, comme distincte des autres opérations des assemblées législatives.

VII. Quand je compare l'état présent avec le temps de la monarchie absolue avant 1848, et que je considère l'administration financière dans son ensemble, je ne puis éviter cette conclusion, qu'il y a eu une plus grande économie générale, pendant la première période.

La monarchie absolue en Prusse était contraire à tout établissement d'impôt trop fort, elle était particulièrement soigneuse d'économiser ses ressources ; ce fut seulement en raison de cette excellente et économique administration financière, que cette forme de gouvernement put durer si longtemps parmi nous.

Maintenant, sans doute, dans des branches particulières de l'administration, les dépenses sont quelquefois réduites au moyen du contrôle du Parlement, par exemple, pour le ministère de la guerre; mais, pour les autres, elles se sont singulièrement accrues, depuis que les représentants du pays eux-mêmes insistent sur l'augmentation des dépenses pour les écoles, les moyens de communication, etc. Mais, ce qui est plus important, c'est que le Gouvernement n'a aucune raison de craindre, comme auparavant, la responsabilité de l'augmentation des dépenses.

Dès que le Gouvernement a obtenu le consentement du Corps législatif, il est plus protégé qu'il ne l'était avant contre l'opinion publique. Le pouvoir de l'Etat a été fortifié dans cet ordre d'idées comme dans d'autres par l'établissement de la représentation populaire.

Cependant, ce serait une erreur de représenter le contrôle parlementaire des dépenses en Allemagne, comme inefficace. Il a, ainsi que je l'ai dit, une influence sur la direction de la dépense publique, et il est une garantie contre l'entraînement d'abus évidents, et de grandes prodigalités dans l'administration des revenus. Quoique précédemment, même sans beaucoup de contrôle, l'administration financière prussienne ait été excellente pour un temps qui fut assez court; cependant, cette question peut toujours s'élever, de savoir si la vieille économie pourrait être conservée au milieu des conditions actuelles si différentes, parmi lesquelles je place une plus grande prospérité de tout le peuple allemand. Il y a eu des temps, dans l'histoire de Prusse, où en l'absence d'un pareil contrôle, l'argent de la Prusse a été dissipé sans responsabilité, et l'examen annuel ainsi que la discussion publique fournissent une certaine sécurité contre le retour de ces graves abus.

Quant à l'administration économique des détails et des spécialités, la législature populaire a, sur ce point, véritablement très peu d'influence.

L'Assemblée parlementaire n'a ni le temps ni une information suffisante pour atteindre le but, même avec la meilleure distribution de ses travaux. Par exemple, de telles assemblées ne peuvent se former un jugement bien fondé ou indépendant sur le point de savoir si les fonctionnaires ou agents ne font pas des voyages inutiles, s'il y a une administration économique ou dépensière dans les grands ateliers de travaux de l'armée, de la marine et des chemins de fer de l'Etat. Sous ce rapport, nous sommes très secondés par la révision de la Chambre des comptes. juridiction libre et indépendante de fonctionnaires professionnels qui doit exercer un contrôle sur l'administration financière tout entière, par l'examen et l'approbation du compte des recettes et de la dépense des revenus publics. Cette Chambre des comptes recherche si les sommes allouées à l'administration ont été régulièrement dépensées, et elle est parfaitement organisée pour découvrir la preuve de prodigalité des deniers publics (1).

Je ferai, enfin, observer que le grand accroissement de la dépense publique en Allemagne peut être regardé, au moins pour une partie, comme le résultat forcé de deux circonstances. D'abord, nos affaires politiques étrangères, et l'établissement de l'empire Germanique. Secondement, notre prospérité croissante qui a élargi les besoins du public comme des particuliers. Ainsi, comme une plus grande quantité de sucre, de café, de bière, est consommée par tête, qu'il y a trente ans, de même aussi nous dépensons plus pour les écoles, les arts, les sciences, les chemins et les routes, pour une meilleure installation des tribunaux, et des autres établissements administratifs, etc. Sous ce rapport, l'augmentation de la dépense publique doit être à peine regrettée.

---

(1) La haute Chambre des comptes en Allemagne n'est pas constituée en Cour souveraine, elle ne siège pas en public et ne rend aucun jugement. Les membres n'étant pas magistrats ne sont point inamovibles, mais ils sont nommés par le chef de l'Etat, ils ont avec lui des rapports directs, et cette situation assure l'indépendance de la haute Cour. N. du Tr.

HOLLANDE

La lettre suivante de J.-L. de Bruyn Köps, membre de la Chambre basse des Etats généraux, donne une réponse claire et succincte aux questions contenues dans les circulaires envoyées par le *Cobden-Club* :

La Haye, juillet 1876.

Monsieur,

En réponse aux questions de votre circulaire, j'ai l'honneur d'exposer ce qui suit :

I, III. Au commencement de chaque session, en septembre, le Gouvernement soumet à la sanction de la législature, comme le demande la Constitution, les articles de dépenses proposés pour l'année suivante (1er janvier au 31 décembre). Le budget est divisé en chapitres à peu près correspondants aux départements administratifs ou ministères :

a Maison du Roi ;

b Conseils supérieurs d'Etat, c'est-à-dire Etats-Généraux, Conseil privé, juridiction financière du contrôle ;

c Affaires étrangères ;

d Justice ;

e Intérieur ;

f Marine ;

g Finances, Dette nationale ;

h Guerre ;

i Colonies ;

j Dépenses imprévues.

Une loi additionnelle détermine les voies et moyens pour chaque année.

Chaque chapitre forme un projet de loi séparé, et comme tel est voté séparément. Les chapitres sont divisés en articles, pour chaque objet de dépenses ; les articles sont aussi votés séparément par la seconde Chambre, qui a un droit d'amendement. La discussion dans la Chambre supérieure commence après que le budget est passé à la Chambre basse, mais la constitution ne donne pas droit d'amendement à la Chambre supérieure, elle peut seulement approuver ou rejeter, mais elle ne peut faire aucune modification.

Un budget spécial est proposé et discuté plus tôt dans l'année, pour les colonies des Indes orientales. Celui-ci est également divisé en chapitres, discuté et voté en détail.

II, IV. Le budget est discuté en pleine assemblée, chaque article ou objet étant voté séparément. Avant la discussion publique, chaque chapitre est examiné dans cinq sections ou commissions, composées chacune de six membres pris dans la Chambre ; chaque section nomme un rapporteur, les cinq rapporteurs forment une « commission pour les chapitres du budget » ; elle présente le compte-rendu des observations faites dans leurs sections. Ce rapport est imprimé et communiqué au Gouvernement qui répond par un mémoire imprimé, dans lequel il propose telle modification qui lui convient.

V. Les sections ou commissions et les rapporteurs ont une action indépendante. La commission des rapporteurs peut ajouter d'elle-même des observations ou des propositions, mais cela n'a pas lieu ordinairement dans les projets de loi concernant les dépenses.

VI. Aucune dépense ne peut être faite par le Gouvernement si elle n'a pas été expressément sanctionnée par le Parlement ; toute dépense doit s'appuyer sur un article spécial du budget.

Il y a, pour les finances, un bureau de contrôle tout à fait indépendant; les membres sont nommés à vie par la seconde Chambre ; sa sanction est nécessaire pour le paiement de chaque article de dépenses; les chefs de départements ne peuvent donner aucun ordre de paiement s'il n'est visé et approuvé par le bureau de contrôle.

Le bureau examine :

Si l'objet du paiement proposé est d'accord avec les articles du budget sur lequel on le dit établi ;

Si le crédit de l'article particulier est épuisé et s'il y y a des fonds libres suffisants.

VII. Les charges de l'administration ont augmenté généralement dans les branches civiles et militaires.

	Guerre.	Marine.	Budget total.
1852	10.400.000 fl.	5.475.000 fl.	69.787.000 fl.
1875	24.000.000	13.632.000	110.000.000

Néanmoins on peut dire que le contrôle de la législature a été une œuvre utile. Les articles de nouvelles dépenses, pour des causes nouvelles ou pour l'augmentation des causes anciennes, sont souvent rejetés ou amendés, et le Gouvernement est attentif à se renfermer dans les limites que la représentation nationale désire.

Il est à remarquer que quand le crédit, accordé à un article admis dans le budget, est épuisé, le département auquel se rapporte cet article peut dépenser au-delà au moyen de la clause « dépenses imprévues » attachée à chaque chapitre du budget, mais seulement jusqu'à la limite d'environ 50,000 florins, sur un article de dépense montant à 15 ou 20,000,000 de florins. Il y a, en outre, un chapitre final pour « dépenses imprévues » à la disposition du Gouvernement, pour un usage général, montant à 50,000 florins.

La partie dite « dépenses imprévues », dans les divers

chapitres, ne peut être employée que pour suppléer à l'insuffisance des articles spécialement désignés dans l'acte du Parlement.

Quant aux nouveaux objets de dépenses on peut y faire face dans quelques cas en les mettant à la charge du chapitre spécial « des dépenses imprévues », dans d'autres cas, par l'action législative.

Votre, etc.

Signé : J. C. de Bruyn Kops.

A M. J.-B. Potter, esq. M. P.

Lettre de M. Vissering.

Leyde, 4 juillet 1870.

Chêr Monsieur,

Je suis heureux de pouvoir vous donner quelques renseignements sur notre système financier, en réponse à la lettre du 28 juin que vous m'avez fait l'honneur de m'adresser. Vous excuserez avec bienveillance quelques expressions incorrectes qui ont dû m'échapper dans les détails, en raison de ma faible pratique de la langue anglaise (1).

Depuis la révision de notre loi fondamentale, en 1848, le règlement du contrôle des dépenses nationales fonctionne d'une manière satisfaisante. Avant cette date, le Gouvernement avait plutôt la main libre pour disposer des deniers publics, et le Gouvernement personnel de notre dernier roi, Guillaume Ier, qui abdiqua en 1840,

---

(1) Le traducteur désire s'abriter aussi derrière une observation du même genre en faisant observer que beaucoup de ces réponses écrites dans la langue nationale des correspondants du Cobden-Club, ont dû être traduites en anglais, et ont été de nouveau traduites en français.

abusa grandement de ce pouvoir. Le principal objet de la révision de notre pacte fondamental fut de réprimer ces abus. Aujourd'hui les revenus et les dépenses, non seulement de la Mère-Patrie elle-même, mais encore des colonies, sont placés sous le contrôle strict des Etats généraux et sont restreints quant aux détails par un corps spécial appelé « Rekenkamer » (Cour des comptes) qui est entièrement indépendant du Gouvernement. Certainement ce contrôle n'a pas empêché un large accroissement de dépenses annuelles dans les trente-cinq dernières années, comme vous le montre le tableau ci-joint, mais cet accroissement a eu lieu avec le plein assentiment des Etats généraux, quelquefois à leur instigation. Ces grandes dépenses sont suffisamment comblées par la progression constante des recettes de différentes sources, sans accroissement de charges pour le pays par de nouvelles taxes.

Je vais répondre maintenant à chacune des questions que vous m'avez soumises.

I. Chaque année, à l'ouverture des Etats généraux, en septembre, le Gouvernement est obligé de proposer un budget complet, très détaillé, des revenus et des dépenses pour l'année suivante. On y joint un état des sommes reçues ou payées, sous les mêmes titres, dans les deux années écoulées. Toutes les fois que, dans le cours de l'année, un besoin imprévu se produit, le Gouvernement doit proposer de la même manière un budget spécial présentant les sommes demandées et les ressources pour faire face à cette dépense extraordinaire.

II. Conformément aux règles posées dans la loi fondamentale, tous les projets de lois du Gouvernement sont soumis d'abord à la seconde Chambre des Etats généraux. Les membres de cette assemblée se divisent en cinq commissions spéciales ou sections pour l'examen préparatoire du projet de loi. Chacune de ces sections choisit un rapporteur, cette fonction est généralement confiée à un membre de la section, le plus au courant de la matière. Les cinq rapporteurs recueillent et discutent les observations présentées dans chacune des sections sur le projet de loi proposé, et se mettent en rapport avec le ministère d'où est sorti le projet de loi, par un acte écrit appelé « Voorlopig Verslag », rapport préparatoire. Le ministre répond par un acte dans lequel il maintient les prévisions de son projet de loi contre les observations des sections, ou les modifie conformément à ces observations. Par cet échange de rapports écrits, le sujet est dûment préparé pour la discussion publique en pleine Chambre, où chaque membre est autorisé à exposer ses opinions et à proposer ses amendements. Si le projet de loi passe, amendé ou non, dans la seconde Chambre, il est porté à la première Chambre des Etats généraux, où il est examiné de la même manière, d'abord dans les sections, ensuite en pleine Chambre, avec cette exception, seulement, qu'aucun amendement ne peut être proposé.

La loi fondamentale exige que les dépenses proposées soient divisées en plusieurs états ou projets de loi distincts, représentant les départements des services publics. Elle permet même une extension de cette division, de sorte que les dépenses d'un département peuvent être divisées en plusieurs projets de loi.

Aujourd'hui, les différentes lois contenant ensemble la totalité de nos dépenses nationales, sont les suivantes :

1° Une loi pour les dépenses de la couronne ;

2° Pour les dépenses des grands Corps de l'Etat, Collèges supérieurs d'Etat (Etats généraux, Conseil d'Etat), etc. ;

3° Pour les affaires étrangères ;

4° Pour le département de la justice ;

5° Pour le département de l'intérieur ;

6° Pour le département de la marine ;

7° *a* Pour la dette nationale ;
7° *b* Pour le département des finances ;
8° Pour le département de la guerre ;
9° Pour l'administration coloniale ;
10° Pour les allocations destinées aux dépenses imprévues (non au-delà de 100,000 £ par an).

Chacun de ces chefs a ses propres subdivisions en chapitres, paragraphes et articles, avec fixation d'un maximum pour chaque article, et les membres de la seconde Chambre discutent et votent chaque article séparément. Le contrôle de la Cour des Comptes « Rekenkammer » empêche que les limites fixées ne soient dépassées.

IV, V, VI. Ici, aucune réponse spéciale n'est nécessaire, mais on peut faire remarquer que l'action indépendante de la « Rekenkammer » est garantie par une loi qui décide que les membres de ce corps sont nommés pour la vie, par la Couronne, sur une liste de noms présentés par la seconde Chambre des Etats généraux.

On ne peut mettre en doute que ces réglementations ont eu pour effet non-seulement de restreindre, mais même de prévenir tout abus dans nos administrations financières. Elles n'ont pas été, cependant, en état de diminuer les charges des dépenses nationales, pas plus celles de l'armée et de la marine que celles des services civils. Par suite de différentes causes, cette dépense a continuellement augmenté, et elle augmente encore. Les seules charges réduites sont celles de la Dette nationale, par des rachats constants sur une large échelle depuis 1850. Ce rachat s'élève maintenant à 9 millions de florins par an. Mais la nécessité de pourvoir aux besoins de la défense nationale a presque doublé les dépenses de l'armée et de la marine. La diminution de la valeur de l'argent nous a obligé d'élever le chiffre des traitements publics. Des travaux publics plus étendus et plus coûteux, tels que railsway, canaux, docks ont été entrepris et achevés pour une somme de près de 200 millions de florins depuis 1850. La dépense, en ce qui concerne les écoles, augmente aussi, chaque année, dans une grande proportion.

Je suis, etc.

S. WISSERING,
Professeur à l'Université de Leyde.

A T. B. Potter esq. M. P.

Etat annoncé dans la lettre qui précède.

RECETTES.

Budget de l'Etat (à l'exception des recettes et dépenses des colonies) pour les années 1851 et 1875.

Prévisions des recettes.	1851 Florins.	1875 Florins.
1° Taxes et rétributions :		
a Taxes diverses	18,681,000	22,791,000
b Excises	19,425,000	30,925,000
c Douanes	4,610,000	5,713,000
d Droits de timbres et surtaxes	9,108,000	17,457,000
e Autres taxes	1,370,000	4,891,000
2° Autres recettes	17,596,000	25,000,000
	70,790,100	106,777,000

CHARGES.

	1851	1875
I. Dépenses de la Couronne	800,000	750,000
II. Collèges d'Etat	591,000	599,000
III. Affaires étrangères	519,000	606,000
IV. Justice	2,306,000	3,587,000
V. Intérieur	4,544,000	21,053,000
VI. Marine	5,324,000	13,090,000
VII. *a* Dette nationale	36,425,000	27,163,000
VII. *b* Finances	8,359,000	20,366,000
VIII. Guerre	10,558,000	18,503,000
IX. Bureaux coloniaux	118,000	1,203,000
X. Dépenses imprévues	100,000	50,000
	69,644,000	106,970,000

12 florins = £ 1.
1 florin = 2 fr. 11 c.

ITALIE

SOMMAIRE

I. Chaque année, dans la première quinzaine de mars, le ministre des finances doit apporter son projet de budget pour la prochaine année financière, commençant au 1er janvier et finissant au 31 décembre. Ce budget est divisé en dix parties ou projets de loi, comme disent les Italiens ; l'une se rapporte aux revenus, et neuf à la dépense ; celles-ci correspondent aux différents ministères, et chaque partie est divisée en articles, de manière à donner le plus de détails possible.

Ce projet de budget doit être approuvé par les deux Chambres, recevoir l'assentiment royal et être promulgué avant le mois de janvier suivant. Chacune des divisions du budget est partagée en deux chapitres, un pour les ressources et les dépenses ordinaires, un autre pour les ressources et les dépenses extraordinaires.

Chaque partie du projet entier de budget est précédée d'un rapport qui montre les variations d'une année sur l'autre.

Dans la première quinzaine de mars, le ministre des finances dépose aussi devant le Parlement le budget définitif des revenus et des dépenses de l'année qui vient de finir au 31 décembre. Le tout est divisé en divers articles de revenus et de dépenses, et une comparaison est faite entre les évaluations des voies et moyens proposés l'année précédente, et les recettes et dépenses telles qu'elles ont été réalisées dans le budget alors définitivement déposé devant le Parlement. En même temps, le ministre des finances présente la situation actuelle du Trésor à la fin de l'année financière, terminée au 31 décembre précédent.

II. La Chambre des députés choisit, au commencement de la session, une Commission générale du budget composée de 30 membres. Cette Commission examine, dans tous leurs détails, à la fois les deux budgets, celui qui est définitif et celui qui est proposé. Elle peut proposer des augmentations, des réductions ou toutes autres modifications qui lui semblent justes, et fait, en conséquence, son rapport à la Chambre. Alors, chaque membre de la Chambre peut agir de même quand le budget est en discussion. La décision finale reste à la Chambre.

Après que la Chambre a approuvé le budget, il est porté devant le Sénat qui nomme une commission des finances composée de 15 membres, pour examiner le projet de budget dans ses détails, le Sénat vote ensuite sur les propositions, il a en cette matière les mêmes pouvoirs que la Chambre basse.

III. La commission générale du budget de la Chambre est divisée en sous-commissions; chaque sous-commission examine la partie spéciale du budget qui lui est assignée, et fait sur elle un rapport. La conclusion finale de la Commission sur ces différents rapports est présentée sous forme de rapport et soumise à la Chambre.

La Commission permanente du Sénat n'est pas subdivisée en Sous-Commissions, mais elle distribue à chacun de ses 15 membres une part du travail d'examen.

Ces Commissions des deux Chambres examinent toutes les deux le projet du Budget de l'année à venir et le budget définitif de l'année passée.

IV. Chaque Commission de Budget porte ses propres conclusions et rapporte à sa propre Chambre, et finalement chaque Chambre décide sur les propositions faites à ses membres par les Commissions et le Gouvernement. En cas de désaccord entre les deux Chambres, la question litigieuse est renvoyée à un ou deux membres de chaque Chambre, selon les circonstances de l'affaire.

V. Chaque Commission du Budget est nommée, comme on l'a dit, chacune par sa propre Chambre. La Commission du Budget a une entière liberté d'action, elle peut examiner les ministères et se faire remettre tous les documents nécessaires.

Nulle dépense ne peut être faite au-delà des limites des budgets arrêtés par les Chambres. Il est interdit de faire aucun transport de dépenses d'un chapitre à un autre. Aucun paiement ne peut être fait par le Trésor sans l'assentiment de la Cour des Comptes, dont les membres sont complètement indépendants du Gouvernement et inamovibles. La Cour refuserait sa sanction à une dépense non comprise ou excédant ce qui a été approuvé sous le chapitre ou le titre concernant cette même dépense.

Le Budget contient toujours une somme de £ 160,000 (4,000,000 de fr.) pour faire face aux dépenses imprévues, il y a, en outre, une autre somme de £ 160,000 (4,000,000 de fr.) comme fonds de réserve.

Un état des dépenses indiquant à quelle sorte de dépenses le fonds de réserve est applicable est placé à la fin du Budget. Quand des fonds sont pris sur le fonds de réserve, cela a lieu par décret royal rendu sur l'avis du Conseil des ministres. Il doit toutefois être approuvé par la Cour des Comptes et être publié dans le *Journal officiel* du royaume. Quand le Parlement se réunit de nouveau, le Gouvernement doit présenter un projet de loi pour autoriser ce qui a été fait en l'absence du Parlement.

VII. Il n'est pas possible que le Gouvernement dépense au-delà de ce qui a été sanctionné par le Parlement. L'expérience met hors de doute l'utilité de l'examen du Budget par le Parlement comme le moyen de limiter les dépenses et de réaliser des économies.

L'action de la Cour des Comptes sur l'administration pratique des finances est universellement approuvée. Le Gouvernement ne peut dépenser quoi que ce soit au-delà de ce que le Parlement a voté chapitre par chapitre.

L'exposé détaillé suivant du système financier italien a été envoyé par M. Minghetti, président du Conseil, ex-ministre des Finances du dernier cabinet italien (1876).

I. Dans les premiers quinze jours du mois de mars de chaque année, le ministre des Finances doit présenter au Parlement le projet de Budget proposé (il projetto di balancio di prima previsione) pour la prochaine année financière, ce qui coïncide avec l'année solaire, 1er janvier au 31 décembre.

Ce Budget est présenté avec dix projets de lois distincts : l'un de ces projets de lois concerne les revenus, les neuf autres concernent les dépenses qui correspondent au nombre des départements ministériels. Ce sont les suivants :

Finances.
Grâces, Justice et Culte.
Affaires étrangères.
Intérieur.
Travaux publics.
Guerre.
Marine.
Agriculture et Commerce.
Instruction publique.

Ces prévisions du Budget proposé doivent être approuvées par le Parlement (Chambre des députés, Sénat et souverain), promulguées et publiées avant le 1er janvier de l'année à laquelle elles se rapportent. Chacune de ces dix lois de Budget est divisée en deux titres (titoli). Le premier, ressources et dépenses ordinaires; le second, ressources et dépenses extraordinaires.

Le Budget des dépenses du ministère des Finances

est divisé en quatre parties, chacune étant en outre divisée en deux titres comme cela a été dit plus haut.

a Dette publique, pension (dotazione), cautionnement.

b Dépenses d'administration, monopole de l'Etat.

c Patrimoine ecclésiastique.

d Fonds de réserve.

Chaque titre du projet de Budget est divisé en une série d'articles.

Un aperçu des propositions et de l'examen détaillé du Budget peut être pris d'après le nombre des articles inscrits dans le Budget de 1875 pour chaque ministère. Il y avait 212 articles de dépenses au département des Finances ; — 40 à celui de la Justice et des Grâces ; — 16 à celui des Affaires étrangères ; — 103 à celui de l'Intérieur ; — 269 à celui des Travaux publics ; — 90 à celui de l'Instruction publique ; — 45 à celui de la Guerre ; — 51 à celui de la Marine ; — 58 à celui de l'Agriculture et du Commerce.

La plupart de ces articles sont eux-mêmes subdivisés de sorte que le projet de Budget est dressé avec les plus grands détails.

Chacun des projets dont l'ensemble forme le Budget est precédé d'un exposé fait surtout en vue de présenter les variations entre une année et l'autre.

Une année après la présentation du projet de Budget proposé en principe, comme on l'a dit, dans la première quinzaine de mars de l'année courante, le ministre des Finances présente au Parlement, dans la forme d'une loi unique, le Budget définitif de l'année écoulée qui renferme à la fois les revenus et les dépenses.

Dans un appendice aux propositions concernant à la fois les budgets provisoires et définitifs, on donne la liste des fonctionnaires, on fait connaître tous les changements qui ont pu se produire, les situations statistiques et les notes explicatives qui peuvent être nécessaires.

La dépense est divisée selon chaque ministère dans le Budget définitif, mais seulement en titre et en chapitre. Les divisions des crédits afférents à chacun des articles sont données à chaque ministre qui les met en forme de décret pour être dûment enregistrés à la Cour des Comptes.

Dans le Budget définitif ou final sont faites les additions et rectifications de dépenses concernant chaque ministère, contenant leurs crédits ou leurs débets dans les années précédentes, avec un projet de balance entre la ressource et la dépense, indiquant en même temps les moyens propres à atteindre ce but.

Avec le projet de Budget définitif, le ministre des Finances présente un état du Trésor pour l'année financière finissant au 31 décembre, et qui fait connaître sa situation présente et celle passée.

II La Chambre des Députés nomme au scrutin secret, en séance publique, au commencement de chaque session, une Commission générale pour le règlement des comptes, elle est composée de 30 membres.

Les comptes doivent, d'après une loi fondamentale de la monarchie, être examinés, discutés et approuvés par la Chambre des Députés avant d'être portés au Sénat.

Le Sénat aussi, au commencement de chaque session, nomme de la même manière une Commission permanente des finances composée de 15 membres. Cette Commission doit examiner les comptes et tout autre projet de loi qui a directement rapport aux finances de l'Etat.

La Commission de la Chambre des Députés comme celle du Sénat peut proposer des augmentations ou des diminutions de dépenses ou faire toute proposition qu'elle juge convenable.

La discussion des différents comptes est portée dans les deux Chambres en pleine assemblée ; chaque député, chaque sénateur a le droit de proposer ce qui lui semble utile.

Le projet de budget (di prima previsione) doit être voté dans le mois de novembre ou de décembre et la loi qui l'approuve est publiée avant le 1er janvier qui suit.

Le budget définitif, tel qu'il est à la fin établi, est voté avant la vacance parlementaire dans le mois de mai ou juin, la loi qui l'approuve est en même temps imprimée et publiée.

III. La commission générale nommée par la Chambre des Députés élit son propre président, deux vice présidents et deux secrétaires, la commission elle-même est en outre divisée en sous-commissions :

1° Pour les comptes du ministère des Finances ;

2° Pour les comptes des ministères de la Marine, des Travaux publics, de l'Agriculture et du Commerce ;

3° Pour les comptes des ministères de l'Intérieur et des Affaires étrangères ;

4° Pour les comptes du ministère de la Guerre ;

5° Pour les comptes du ministère de la Justice et de l'Instruction publique.

Chaque sous-commission nomme ses présidents et secrétaires, elle nomme en outre un rapporteur spécial pour chacune des comptabilités des différents départements. Les rapports approuvés d'abord par les sous-commissions et ensuite par la commission générale sont, au nom de cette dernière, présentés à la Chambre, imprimés et distribués.

La commission permanente élue par le Sénat nomme ses propres président, vice-présidents et secrétaires, elle n'est pas divisée en sous-commissions, mais elle distribue parmi ses membres le travail de rédaction du rapport sur les différents projets de budget. Les mêmes commissions et sous-commissions servent tant pour le projet de budget (di prima previzione) que pour le budget définitif (di definitiva previzione).

Quant au budget définitif, tel qu'il est finalement proposé, un rapport spécial sur l'unique projet de loi qui le concerne, est rédigé et présenté par le ministre des finances, ainsi qu'un rapport spécial sur chaque budget particulier.

Les comptes particuliers de chaque ministère forment autant d'annexes au budget définitif.

IV. Les commissions rapportent et proposent les matières directement à l'assemblée ou Chambre qui délibère sur les propositions.

Une réduction votée par la Chambre des Députés peut ne pas être approuvée par le Sénat et, d'un autre côté, le Sénat peut voter une réduction non votée par la Chambre.

Dans ce cas, le projet de budget, ainsi amendé, retourne du Sénat à la Chambre des Députés. Le rapport de la commission générale sur l'amendement adopté par l'autre Chambre, est porté devant la Chambre des Députés qui discute et vote en suivant la forme usitée.

V. Les commissions font leurs propositions à leur Chambre respective, non au Gouvernement. Elles jouissent de la plus complète indépendance comme les deux Chambres qui les ont nommées. Elles ont le droit d'examen sur les ministres, et aussi celui de prendre connaissance des documents, de manière à obtenir toute espèce de renseignements.

VI. Aucune dépense ne peut être faite au-delà des limites du budget approuvé par une loi.

Il est défendu de transporter une dépense d'un article à un autre soit dans le budget, tel qu'il a été d'abord proposé, ou comme il a été définitivement réglé.

Aucun ordre de paiement ne peut être admis (soldato) par le Trésor sans une sanction de la Cour des comptes (corte dei conti). Celle-ci est composée de membres indépendants et inamovibles qui refusent leur assentiment quand la nature de la dépense ne correspond pas à l'article sur lequel elle est assignée, ou si correspondant à cet article, elle excède la somme qui lui est assignée. Quand le budget définitif a été vérifié, toute dépense nouvelle doit être approuvée par une loi spéciale.

On met au budget une somme de 4,000,000 francs pour les dépenses imprévues, une autre somme de 4,000,000 francs est inscrite sous le titre de fonds de réserve. Dans la loi du budget, on donne chaque année un état des dépenses faites sur les fonds spéciaux. Dans cet état sont indiqués les articles pour chaque ministère.

L'emploi d'une somme quelconque sur l'un de ces deux fonds de réserves est fait en vertu d'un décret royal après une délibération de la part du cabinet. Le décret lui-même ne peut être exécuté, sans prendre l'assentiment enregistré de la Cour des comptes, il doit aussi être publié dans la *Gazette officielle* du royaume dans les dix jours. Et lorsque le Parlement se réunit, il doit lui être présenté et converti en loi.

VII Aucun abus d'excès de dépense n'est possible dans le royaume d'Italie de la part de l'administration, parce que chaque dépense doit être d'abord approuvée par le Parlement, et les fonds votés par lui.

D'après l'expérience de beaucoup d'années, on ne peut douter de l'utilité de l'examen par le Parlement des budgets projetés et définitifs, comme moyen de limiter les dépenses et de produire des économies et, par conséquent, de diminuer les charges qui résultent des dépenses publiques. De même, on n'a aucun doute sur l'efficacité pratique du contrôle exercé par la Cour des comptes. Le budget est un acte sérieux, le Gouvernement ne peut dépenser une obole de plus que ce que le Parlement a alloué pour chaque article des dépenses.

Le Gouvernement n'a ni le droit ni le pouvoir d'aller au-delà des limites assignées par le Parlement.

M. Bodio a envoyé, du ministère italien de l'agriculture et du commerce, la réponse suivante aux questions formulées par le *Cobden Club*, dans sa lettre de juin 1876 :

I. Dans la première quinzaine de mars, le ministre

des finances doit présenter au Parlement, dans une forme imprimée, le projet de ses propositions de budget sous le double rapport du revenu et des dépenses, et concernant les neuf ministères, pour l'année à venir.

Les prévisions (preventivi) doivent être approuvées par une loi avant le 1er janvier suivant.

Dans les premiers quinze jours de mars, le ministre des finances doit présenter aussi, dans une forme imprimée, le budget définitif de l'année à laquelle il se rapporte avec les rectifications et additions de dépenses relatives au service de chaque ministère, ensemble l'excédant des estimations de l'année écoulée, et un état de situation présentant la balance entre le revenu et la dépense.

En même temps que le budget définitif on doit présenter un rapport imprimé de la situation du Trésor à la clôture de l'année financière jusqu'à la fin de décembre. C'est la situation du Trésor, le compte du crédit et du débet, de son administration pour l'année. Le budget définitif une fois approuvé, toute autre dépense ne peut plus être autorisée que par une loi spéciale.

Dans les propositions présentées au Parlement, on doit indiquer les moyens de pourvoir à de nouvelles dépenses.

II. Le budget des revenus et des dépenses doit être discuté et voté par la Chambre des Députés avant d'être présenté au Sénat ; la Chambre forme dans son sein une commission générale du budget, qui est subdivisée en autant de sous-commissions qu'il y a de budgets à examiner, c'est-àdire un pour les revenus, neuf pour les dépenses. La commission générale du budget est nommée par la Chambre des Députés, au moyen du scrutin secret, elle est composée de trente membres au moins, qui sont élus pour une année.

La commission permanente de finance du Sénat répond à la commission générale du budget de la Chambre, cependant cette commission permanente de finance est non seulement chargée d'examiner le budget, comme la commission nommée par la Chambre, mais elle est aussi chargée de l'examen de toutes les lois qui ont un rapport direct avec la situation des finances. La commission sénatoriale est composée de quinze membres et n'est pas divisée en sous-commissions.

III. Le budget général de l'Etat est divisé en autant de budgets spéciaux qu'il y a de ministères, c'est-à-dire budget pour le ministère des finances, pour les affaires de l'intérieur, les affaires étrangères, les travaux publics, la guerre, la marine, l'instruction publique, la justice, l'agriculture, le commerce. Chacun de ces budgets est examiné et discuté par une commission spéciale ; ces commissions spéciales forment la commission générale du budget.

IV. Les commissions et sous-commissions des deux Chambres (Sénat et Chambre des Députés) peuvent proposer toutes modifications, mais ces modifications ne peuvent être finalement adoptées que par les Chambres. qui peuvent les accepter, les rejeter ou les changer. Le plein accord des deux Chambres est nécessaire pour toutes les parties du budget, afin que, comme pour toute espèce de loi, il puisse être présenté à la Couronne pour avoir son assentiment.

V.-VI. Les renseignements donnés ci-dessus répondent suffisamment aux demandes contenues sous ces numéros.

VII. Avant la loi actuelle concernant les comptes de l'Etat, il arrivait souvent que le Gouvernement demandait au Parlement un bill d'indemnité pour des dépenses importantes dépassant les crédits alloués par les Chambres.

Maintenant, de quelque manière que ce soit, on a pourvu aux dépenses éventuelles et urgentes par des provisions convenables, mises à la disposition du ministre des finances. L'une d'elles est appelée « fonds de réserve pour dépenses autorisées et obligatoires » (*Spese d'or-*

dine ed obligatorie), et l'autre « fonds pour dépenses imprévues. » Ces provisions ont été établies par la loi du 22 avril 1869.

Pour l'année 1876, la somme totale allouée pour les deux fonds était de huit millions de francs, ou quatre millions pour chacun d'eux.

Réponse de M. Emilio Broglio, membre de la Chambre des Députés d'Italie.

Piediluco, terni july 1876.

Monsieur,

Pour parler franchement, il n'est pas précisément dans ma spécialité de répondre aux demandes de renseignements adressées aux membres du *Cobden Club* par votre lettre-circulaire de juin 1876. Il y a parmi les membres italiens du *Cobden Club*, beaucoup de personnes plus compétentes que moi pour répondre à ces questions, beaucoup mieux que je ne puis le faire, et entre autres mon ami Marco Minghetti, qui a été plus d'une fois et, pendant longtemps, ministre des finances.

Toutefois, je n'ai pas le droit de rester tout à fait silencieux par plusieurs raisons. D'abord parce que le Parlement n'étant pas en session, je ne puis m'informer si mon ami a l'intention de répondre à la question, ensuite parce que le système que vous avez adopté en cette circonstance, de faire appel aux membres de votre club, pour obtenir les renseignements que vous désirez me semble si juste et si naturel, que je suis en conséquence forcé de reconnaître que pour les membres auxquels les questions ont été adressées, il y a un devoir de répondre. J'ajoute que dans une précédente occasion j'ai regretté de vous avoir vu suivre une autre méthode, qui a eu des conséquences fâcheuses, comme ce fut le cas quand vous avez reçu une lettre de votre compatriote, M. Montgomery Stuart, sur les prétendues tendances protectionistes (suppositions tout à fait fausses), de l'administration de M. Minghetti. Cette circonstance donna naissance à une appréciation complètement inexacte, dans une des dernières réunions du *Cobden-club*. Enfin, parce que depuis que vous m'avez fait l'honneur de m'élire comme membre du *Cobden club* je n'ai jamais été à même de vous servir, et j'éprouverais quelques remords, si ayant aujourd'hui cette occasion, je la laissais échapper sans en profiter.

Je réponds donc de la manière suivante à vos questions.

Notre Gouvernement est obligé, de présenter chaque année au Parlement, d'abord à la Chambre des députés, la loi du budget au plus tard vers le 15 mars. Sont annexés au projet de loi les articles de dépenses proposées pour l'année courante, ou plutôt pour l'année suivante ils sont divisés sous différents titres correspondant aux départements des services publics. Ces départements sont au nombre de neuf. Le projet de loi est envoyé à une Commission spéciale des voies et moyens, composée de 30 membres élus par la Chambre au commencement de chaque session suivant la mauvaise méthode française de bulletins, une espèce de scrutin secret un peu compliquée. La Commission spéciale est divisée en sous-commissions pour l'examen des neuf parties du budget. Chaque sous-commission, dès qu'elle a terminé son examen, nomme un rapporteur qui présente son rapport d'abord à la commission spéciale entière, à laquelle assiste souvent le ministre dont le budget est examiné, pour se mettre d'accord sur les économies proposées. Après discussion et accord dans la commission, le budget est porté devant la Chambre. Alors le débat s'ouvre d'abord par une discussion sur l'ensemble, puis sur chaque article définitivement voté l'un après l'autre.

La Cour des Comptes refuserait de contre-signer tout ordre de paiement qui dépasserait la somme allouée.

Je dois dire pour être exact qu'il y a chaque année peux lois de budgets, une en mars pour le budget en projet (de première prévision), une en novembre pour le projet définitif et final, mais c'est là un détail sans importance, et qui ne peut durer par la raison que cette double discussion est une énorme dépense de de temps et de travail.

Il reste beaucoup à dire, en premier lieu, quant à la composition de la commission spéciale. Si la *droite* a la majorité dans la Chambre, majorité qui est le parti en même temps libéral, sage, modéré, parti du comte de Cavour, qui a gouverné le pays depuis 1859 (à l'exception des six mois en 1862 qui amenèrent la catastrophe d'Aspromonte contre Garibaldi, des six mois en 1867 qui amenèrent les catastrophes de Mentana, et encore aujourd'hui après le vote du 18 mars 1876, qui a amené au pouvoir le ministère actuel de gauche.) Si c'est la droite qui a la majorité, elle a toujours élu une commission naturellement formée d'une majorité de droite mais avec une large représentation de la gauche, de manière à lui donner une place équitable. Aujourd'hui la « gauche » est au pouvoir, celle-ci agit différemment. Reste maintenant à voir quel sera le résultat ?

Enfin, vient votre septième question qui demanderait, pour y répondre un livre plutôt qu'une lettre. Pour parler, d'une manière générale, on ne peut pas dire que notre Gouvernement ne présente ni abus d'administration, ni excès de dépenses. Le ministre des finances qui est en général premier ministre, résiste vigoureusement à ces excès dans le cabinet, et tout considéré, il résiste avec un résultat suffisant. Dans la Chambre, il arrive quelquefois que des réformes et des économies sont faites, mais souvent des députés d'une localité ou d'une autre, et particulièrement du midi, demandent et obtiennent des augmentations de dépenses pour travaux publics, routes, chemins de fer, forêts, etc.

Ce dont on a besoin c'est de diviser comme en Angleterre, le budget en deux parts. L'une, invariable aussi longtemps qu'une loi nouvelle n'est pas intervenue pour la changer après un examen approfondi, l'autre, variant d'année en année. Chez nous surtout par une malheureuse imitation française, le projet de loi du budget est semblable à tout autre projet de loi dans lequel chaque chose peut être changée. Carlyle n'a pas tout à fait tort (il a rarement tout à fait raison) quand il dit « le budget prussien est fixe, beaucoup de choses sont fixes. Pourquoi s'en préoccuper davantage ? Je ne pourrai jamais expliquer quel plaisir il peut y avoir à troubler, chaque année, son organisation intérieure par une réglementation de dépenses nouvellement imaginée.

Emilio BROGLIO.

M. Boccardo écrit de Gênes, en août 1876.

Honoré monsieur,

Je vous envoie les quelques renseignements que je suis en mesure de vous donner en réponse à vos questions.

I. Théoriquement, en Italie, l'organisation des Comptes publics, l'administration financière, peuvent être facilement connues et discutées par la législature.

II. Le parlement examine et discute chacun des différents titres de la dépense, dans ses commissions. Une commission est nommée pour le budget de chaque ministère.

III. La dépense proposée est divisée en chapitres représentant les différents départements du service public et chaque catégorie de dépenses proposées avec les documents pour les élucider est examinée et étudiée séparément par les commissions.

IV. Les commissions rapportent leurs conclusions au Parlement qui discute les propositions et délibère sur elles.

Il ne m'a pas paru nécessaire de donner des réponses sur les nos V, VI, VIII, parce qu'ils sont compris dans ce qui précède.

Gérolamo Boccardo.

T. H. Potter,
Esq. M. P.

PORTUGAL

La lettre suivante, du vicomte de Figanière, donne un exposé bref et clair du système pratiqué en Portugal à l'égard du Budget.

Cintra, août 1876.

Cher Monsieur,

Je réponds à votre lettre de juin 1876, par laquelle vous demandez des renseignements sur les mesures adoptées en Portugal pour discuter et contrôler les dépenses proposées par le Pouvoir exécutif, au point de vue des sept questions que vous avez formulées.

I. Au commencement de chaque session de la législature, le Ministre des Finances présente le Budget contenant les articles de dépenses proposées pour l'année courante.

II. Des Commissions de la législature sont formées par chaque Chambre (Députés et Pairs), pour examiner les articles de dépenses proposées. Le Budget de l'Etat est divisé en plusieurs titres correspondant aux principaux départements des services publics (Intérieur et Instruction publique; Finances; Justice et Affaires ecclésiastiques; Armée, Marine et Colonies; Affaires étrangères; Travaux publics, Commerce et Agriculture). Ces divisions des dépenses sont envoyées, pour l'examen, à des Commissions distinctes. Ces dernières prennent le temps qui leur paraît convenable pour examiner les propositions qui leur sont soumises, et quand elles le jugent nécessaire, elles requièrent la présence des ministres de la Couronne, afin d'entendre leurs raisons pour justifier leurs propositions. Les Commissions convertissent alors « la proposition » en « projet de loi », soit qu'elles adoptent ou modifient les propositions (à moins même qu'elles ne les rejettent tout à fait) ; et finalement, elles les présentent avec un rapport à la Chambre pour y être discutées.

III. Répondu sous le nº II.

IV. Les décisions desdites Commissions, en ce qui concerne toute réduction de dépenses, sont soumises à la revision de l'Assemblée, mais non du Gouvernement dont l'action directe, à ce moment, est de prendre part à la discussion qui a lieu dans la Chambre. Je dois ajouter que, dans la pratique, si le Gouvernement est décidé à maintenir ses propres propositions et à faire de ce maintien « une question de confiance » (de retraite en cas de refus), il porte surtout son attention sur le point de savoir si la majorité qui l'a porté au pouvoir, est suffisamment forte.

V. Il n'a été pris aucune mesure spéciale pour assurer l'action indépendante des Commissions dont il s'agit. Leur indépendance dépend, sans doute, du caractère de la Chambre qui les a élues. Si cette dernière arrivait à être pour la plus grande partie gouvernementale, c'est-à-dire si la majorité qui soutient les ministres était dominante, je conviens que l'indépendance des Commissions pourrait être mise en doute.

VI. A raison de ce qui précède, la réponse à cette question doit être négative.

VII. Cette demande trouve indirectement sa réponse dans ce qui a déjà été établi. Je puis dire en général qu'aussi loin que mes souvenirs et mes propres observations peuvent aller, les retranchements qui ont été faits pour ainsi dire occasionnellement dans les dépenses publiques, ont été le résultat de propositions faites par le Gouvernement lui-même, celles dont je pourrais citer quelques exemples dans le cours des dix dernières années. Mais en somme, le caractère de la majorité des deux Chambres décidera généralement toujours de l'indépendance réelle et efficace du contrôle sur les dépenses. Que ce contrôle ait été efficace et même incommode, cela ne peut être mis en doute, en présence de ce qui s'est passé dans les années 1869 à 1871, quand deux Chambres de Députés, successivement élues, refusèrent d'accorder les taxes additionnelles demandées par les Ministres, et ce fut seulement après la chute de plusieurs cabinets rendus impuissants par cette action de la législature, et quand le peuple vint enfin à comprendre qu'à moins de consentir à accorder un peu plus d'argent, on ne parviendrait pas à régler les embarras financiers du pays, ce fut seulement alors que le peuple élit une Chambre de Députés disposée à approuver les augmentations de taxes.

Usez de moi en tout ce qui peut être utile à l'assemblée du *Cobden-Club.*

Votre, etc.

Thomas Bayley Polter. Esq. M. P.

RUSSIE

La Russie n'ayant pas de Parlement et par conséquent, n'ayant aucun contrôle parlementaire de ses dépenses, sa manière d'agir en ce qui concerne le Budget est mieux expliquée en mettant sous les yeux des lecteurs les deux exposés suivants. Le premier a été fait par le Lieutenant général S. Greig, contrôleur de l'Empire, et le second par M. Besabrosof, membre de l'Académie des Sciences à Saint-Pétersbourg.

Exposé dressé par le Lieutenant général S. Greig, contrôleur de l'Empire, à Saint-Pétersbourg.

En Russie, l'année financière correspond à l'année du calendrier, c'est-à-dire commençant au 1er janvier pour finir au 31 décembre.

Les budgets *estimates* de chaque ministère sont divisés en chapitres qui sont eux-mêmes subdivisés en articles. Un Ministre a le pouvoir de transporter, dans le cours de l'année, les ressources d'un article à un autre du même chapitre, mais il n'a pas le droit de les transporter d'un chapitre à un autre. Si un virement de cette nature devenait nécessaire, il serait obligé de demander un vote législatif l'autorisant à agir ainsi.

Chaque ministre est obligé de préparer son budget pour une époque déterminée, qui de même que la forme des budgets, est strictement réglée; les différents budgets doivent parvenir au conseil de l'Empire du mois d'août au mois d'octobre, et les dates de leur présentation sont disposées, de manière que les budgets pour les départements, moins chargés, arrivent les premiers, et ceux des départements plus étendus et plus compliqués, comme ceux de la guerre, de la marine, des travaux publiés, viennent en dernier.

Le conseil de l'Empire, corps politique le plus élevé de l'Empire, est l'assemblée législative de Russie et est composé de membres nommés à vie par l'Empereur (1).

Il est divisé en comités permanents ou départements dont l'un, le département « de l'économie d'Etat » *state economy*, examine toutes les propositions concernant les finances et le commerce. C'est devant ce comité que sont portés les budgets ; en même temps, chaque ministre est obligé de communiquer un certain nombre de copies imprimées de ses évaluations au ministre des finances, et au contrôleur de l'Empire. Ces évaluations sont examinées avec le plus grand soin et dans les détails les plus minutieux au département du Trésor, comme à celui du Contrôle, et des memoranda contenant des observations, des propositions de réduction, ou d'autres remarques sont communiqués par eux au département de l'économie. Le ministre dont les évaluations sont visées par ces observations, prend connaissance de celles-ci, et une semaine lui est donnée pour y répondre.

Le département de l'économie procède alors à l'examen des évaluations en présence du contrôleur de l'Empire. Chaque chapitre, chaque article du revenu et de la dépense est examiné séparément, et le département

---

(1) Ce Conseil suprême a été réorganisé en 1863 ; il est présidé depuis 1865 par le grand-duc Constantin, assisté d'un secrétaire de l'Empire qui remplit le rôle assigné autrefois chez nous au premier ministre, le Conseil comprend tous les ministres et le nombre des membres nommés par l'Empereur est illimité.

N. du Tr.

de l'économie, formule une résolution pour approuver ou pour modifier la demande ministérielle. Si l'accord ne se fait pas avec le ministre, la question est portée devant le *Plenum* ou l'assemblée générale du conseil, et est décidée par un vote Ceci toutefois arrive rarement, les questions de détails sont presque toujours réglées dans le département de l'économie.

Chaque membre du conseil de l'Empire reçoit une copie imprimée des budgets et des observations qui ont été faites par le ministre des finances et par le contrôleur, ainsi que des procès-verbaux du département de l'économie, dans lesquels les votes sur chaque article sont consignés. Les membres peuvent envoyer au département de l'économie leurs remarques sur chacune des évaluations, mais un petit nombre use de ce droit.

Quand toutes les évaluations de revenus et de dépenses ont été réglées par le mutuel accord du département de l'économie, du ministre des finances et du contrôleur, le ministre des finances dresse le budget qui est un sommaire des articles des principaux chapitres.

Le budget est discuté en assemblée générale du conseil de l'Empire, à un jour désigné vers le milieu du mois de décembre. En même temps, sont mis à l'ordre du jour le compte de l'année précédente par le contrôleur, et celui de l'état de caisse du ministre des finances. En fait, la discussion dans l'assemblée générale a modifié très rarement les chiffres du budget, et en vérité, après la longue et laborieuse étude du département de l'économie, il y a difficilement place pour les rejets.

Cependant la discussion dans le « Plenum » n'est pas sans intérêt, ni sans utilité; des critiques sont entendues, des propositions sont faites qui, sous une forme ou sous une autre, prendront corps dans le prochain budget; dans un réglement, ou dans une loi, des doutes sont éclaircis, des renseignements erronés rectifiés, une con-

8

naissance imparfaite complétée, la politique financière, en tout ou en partie, attaquée et défendue.

Quand le budget est voté par l'assemblée générale du conseil, il est soumis par le ministre des finances à la sanction impériale, et il passe à l'état de loi.

L'action du conseil de l'Empire est parfaitement libre et indépendance, et il n'y a pas d'exemple que ses discussions aient été entravées, ou ses votes dédaignés, il est d'usage cependant, qu'aucun membre ne prenne l'initiative d'une proposition qui tendrait à une augmentation de dépense, et cette coutume est bonne et sage.

La surveillance du mode de perception des revenus et de l'emploi des deniers publics est remise à une institution spéciale appelée le contrôle de l'Empire. Le contrôle ne forme pas une partie de la trésorerie, comme le « audit office » en Angleterre, il n'est pas organisé comme une cour de justice, telle que la cour des comptes en France. C'est un ministère spécial, constitué sur le type des autres ministères en Russie, ayant à sa tête un ministre de cabinet. qui est appelé contrôleur de l'Empire. En général, chaque province ou gouvernement, comme on dit, a une chambre de contrôle; on en compte soixante en Russie. Ces chambres sont tout à fait indépendantes des gouverneurs, des gouverneurs généraux ou de tout administrateur local; elles sont sous la dépendance directe du contrôleur de l'Empire. Les caisses de provinces et de districts sont obligées d'envoyer à la chambre de contrôle, à laquelle elles sont comptables, tous les documents d'après lesquels elles ont à recevoir ou à payer. Les chambres de contrôle ont toujours le droit de demander aux bureaux du gouvernement de leur province, les documents ou correspondances dont l'examen est nécessaire, elles ont le contrôle non-seulement des mouvements de fonds, mais du matériel, telles que pierres, munitions, habillements, arsenaux, mines, etc. C'est leur devoir également de faire des inspections inattendues des trésoreries et des bureaux spéciaux de recettes, elles ont le droit d'inspecter les bureaux de douanes, de postes et d'autres semblables. Dans l'examen des documents, elles ont à rechercher non-seulement si les taxes ont été régulièrement perçues, si l'argent ou le matériel ont été dépensés légalement, mais elles sont encore obligées d'entrer dans le détail de l'administration, et d'examiner si les contrats ont été convenablement et judicieusement exécutés ; si les terres domaniales, les forêts, les mines, etc., sont convenablement exploitées ; si les taxes de douanes, d'excise et autres droits, produisent ce qu'ils doivent rendre et ainsi de suite. Quand une dépense non autorisée ou une réduction de perception est constatée, la Chambre réclame la restitution de l'argent. Si le délinquant ne se soumet pas, le cas est porté devant le conseil du côntrôle, présidé par le contrôleur de l'Empire, et dans quelques cas, devant le Sénat.

Les ministres et les départemente ministériels ne sont pas comptables devant les Chambres provinciales de contrôle. Toute dépense faite sur leurs ordres directs est révisée par le bureau central de contrôle à Saint-Pétersbourg, d'ailleurs la procédure a lieu comme il a été dit ci-dessus. Le contrôle existe depuis le règne de l'Empereur Alexandre Ier ; mais il a été complètement réorganisé sous le présent règne. L'œuvre de réforme a été menée à terme par le Secrétaire d'Etat, Tatarinoff, président contrôleur de l'empire, qui fut choisi pour cela par l'Empereur, et soutenu par lui dans l'accomplissement de cette difficile entreprise.

La grande différence entre l'ancien et le nouveau système est que avant cette époque, en Russie, et à peu près dans le temps présent, dans la plus grande partie du centre de l'Europe, les institutions correspondantes: (l'audit office, la Cour des Comptes, le Rechnungs-kammer) examinent les comptes établis par les départements qui ont fait la dépense, tandis que le nouveau contrôle n'examine pes les comptes mais les pièces de comptabilité. De cette façon, il contrôle la dépense aussitôt qu'elle est à faire, et ne peut être trompé par un compte faux ou ingénieux parce qu'il examine non les comptes, mais les prépare lui-même d'après les documents financiers originaux. Ces derniers lui arrivant d'une manière automatique pour ainsi dire, et aussitôt que l'argent est déboursé par le trésor, les comptes dressés par le contrôle sont publiés et sont justement considérés comme étant tout à fait dignes de foi, ils sont nécessairement volumineux, mais la note explicative du contrôleur de l'Empire dont je vous envoie une traduction française, est suffisante pour le but pratique. On a dit que les comptes sont publiés trop tard. Mais il faut savoir qu'en Russie on permet de dépenser trois mois après la clôture générale du budget beaucoup d'articles de crédit ou de dépenses. (On prévoit qu'on supprimera bientôt cette faculté appelée singulièrement période privilégiée.)

La Russie est une immense contrée, et il y a plus de six cents trésoriers de province et de district, en outre plus de trois mille receveurs spéciaux (maisons de douanes, bureaux de poste et de télégraphes, cours de justice, et justices de paix), il faut du temps pour envoyer les comptes de la Chambre du Contrôle dans le Caucase, le Turkestan, la Sibérie occidentale et orientale, la Province d'Amour sur le Pacifique, ou même d'Archangel. Ainsi cette masse de comptes doit être distribuée sous différents titres de revenus et de dépenses et traverser les phases de l'impression. (Pensez ce que peut être pour l'impression et la correction un pareil volume de chiffres.) Avec tout cela les comptes pour 1874, par exemple, ont été présentes au Conseil de l'Empire vers le 1er octobre 1875, et le mémorandum explicatif du contrôleur a été prêt un mois après.

Ontre ce rapport sur les comptes fait au Conseil de l'Empire. Le contrôleur remet, chaque année, entre les mains de l'Empereur un rapport spécial dans lequel il passe en revue les principaux chefs de recettes et de dépenses pour l'année précédente, signalant en particulier, les cas d'abus, de mauvaise administration, d'emplois défectueux, remarqués par le contrôle de l'Empire, et qui méritent plus spécialement d'attirer l'attention du souverain. Les annotations et résolutions autographes de S. M. I. sur les documents agissent comme un moyen très énergique et même le plus énergique pour faire progresser l'ordre, l'économie et l'honnêteté dans l'administration des deniers publics.

Maintenant se présente la dernière et la plus difficile question : « le but que l'on se propose a-t-il eu le résultat de réduire la dépense et de limiter les abus qui s'y rapportent. » C'est là une question difficile, parce qu'en toute justice la réponse ne peut être qu'affirmative, et, cependant des chiffres ne peuvent être donnés pour le prouver, au contraire, la dépense du pays a rapidement augmenté. Si l'on prend seulement les trois dernières années, dont les comptes ont été approuvés, nous trouvons qu'en 1874, les dépenses se sont élevées en comparaison de celles de 1870 de 11 3[4 pour cent; l'accroissement est dû à différentes causes; les prix se sont élevés considérablement ; les chemins de fer ayant eu pour effet de les élever dans le pays de production sans amener une baisse correspondante sur les places de consommation. Un grand nombre d'écoles, de collèges ont été ajoutés à ceux qui existaient déjà, de nouveaux tribunaux, ont été créés aussi, bien plus coûteux, mais incomparablement supérieurs aux anciens. Ainsi dans les cinq dernières années, les évaluations du ministre de l'instruction publique ont augmenté de 30 0[0 et celles du ministre de la justice de 20 0[0.

Mais aussi, pendant la même période, le revenu s'est augmenté de 16 0[0, quoique l'impôt n'ait pas été élevé excepté celui sur les spiritueux; les autres taxes et impôts ayant été remaniés, ont été plutôt abaissés en vue de les mettre en état de produire plus de revenus.

De plus, les crédits supplémentaires ont été réduits d'une manière remarquable, de 35,000,000 en 1870, ils sont successivement tombés à 23,700,000 en 1874, et à la suite d'une longue période de déficit, la Russie est arrivée à posséder, dans le trésor, une somme de 15 millions de roubles (60,000,000 de francs) qui représente l'excédant du revenu sur les dépenses pour ces dernières années (1).

Un tel résultat est certainement dû en grande partie à la sévérité avec laquelle les évaluations et les crédits supplémentaires sont examinés au département de l'économie, à la trésorerie et au contrôle : quoique la dépense soit encore en accroissement, — pareille chose. soit dit en passant, se rencontre presque partout, — on ne peut douter que l'accroissement serait encore plus grand si ces institutions ne s'étaient mises au travail, et à un dur travail pour les diminuer. Non seulement on vote moins d'argent qu'on n'en demande, mais on en demande moins, parce qu'on s'abstient de plus en plus d'en demander, quand on reconnaît combien il est difficile d'en obtenir ; quant à la manière dont l'argent voté est dépensé, il y a des signes incontestables d'une plus grande économie. Le contrôle est vigilant et sévère, et l'on n'aime pas à se créer des difficultés avec lui. L'argent dépensé indûment, quoique cela puisse être par malentendu, doit être reversé avec une amende quelquefois lourde; en cas d'abus ou de malversation, le délinquant est appelé devant une Cour criminelle. Tout cela tend à rendre les chefs des départements plus vigilants, plus soigneux, et les agents subordonnés plus retenus et plus honnêtes.

On peut ajouter que, pour diminuer la dépense, une mesure spéciale et particulière a été adoptée, il y a environ trois années, sur la proposition du ministre des

---

(1) Il est probable que la guerre récente avec la Turquie a un peu assombri ce tableau de l'état du budget en Russie.

finances. Les évaluations pour la guerre et la marine ont été fixées pour cinq ans, et il a été défendu de dépasser cette somme dans les évaluations annuelles et les crédits supplémentaires réunis. De cette manière, le Trésor est garanti pour une période déterminée contre toute augmentation de dépenses en ce qui concerne les deux plus larges sources de dépenses de l'État.

Exposé présenté par M. Besobrosof, de l'Académie impériale des Sciences, à Saint-Pétersbourg.

Comme il n'y a pas d'Assemblée représentative en Russie, le Conseil de l'Empire, composé de membres tout à fait indépendants de l'administration, remplissent les fonctions de la plus haute législature. Les formes de procéder dans le Conseil de l'Empire sont presque les mêmes que celles des Corps représentatifs des pays constitutionnels.

Le budget est présenté, chaque année, au Conseil de l'Empire et discuté dans ses détails pour les recettes et les dépenses. Dans ce but, chaque budget séparé, pour chaque département, pour chaque administration, est envoyé au ministre des finances, et est présenté par lui, avec ses observations, au Conseil de l'Empire, dans le mois de septembre.

Dans chacun de ces budgets, les plus petits détails de revenus perçus par les différents départements et les crédits qui leur sont alloués sont indiqués au plus bas. Une particularité de la manière de procéder en Russie, c'est la critique du budget présentée au Conseil de l'Empire, par le contrôleur de l'Empire, en même temps que l'exposé du ministre des finances. Le contrôleur a le même rang qu'un ministre d'Etat. Le contrôleur et le ministre des finances travaillent ensemble au budget avant qu'il soit discuté par le Conseil de l'Empire, et ils communiquent à ce Conseil leurs vues propres qui, quelquefois, diffèrent entre elles. La commission des finances du Conseil de l'Empire discute le budget de chaque département en présence du ministre des finances, du contrôleur, et, quand c'est nécessaire, en présence du chef du département dont on examine le budget spécial. Après une délibération souvent longue, le ministre des finances dispose le budget général de l'Empire qui est discuté au comité des finances du Conseil de l'Empire, et ensuite présenté en assemblée générale (plenum), à la fin de l'année, avec les additions et les budgets spéciaux de chaque département ministériel. Alors le budget, développé dans tous ses détails, est publié, par le Sénat, dans le recueil des lois au commencement de chaque année. Toute cette procédure est très longue et occupe sérieusement le Conseil de l'Empire et les différents ministères. Les chefs des départements sont souvent appelés devant le Conseil pour discuter des détails minutieux. Le budget, avant sa publication, doit être ratifié par l'Empereur, comme toute loi émanant du Conseil de l'Empire.

S'il y a, dans le budget, une question spéciale, tel qu'un déficit, il est, en outre, discuté dans un comité privé, sous la présidence du président du Conseil de l'Empire et quelques-uns des grands dignitaires de l'État. Ce comité n'est pas public et les débats sont secrets.

Conformément à la loi, le budget doit être discuté dans toutes ses parties dans le Conseil entier de l'Empire (plenum), mais cette discussion n'a pas souvent lieu en pratique, et le budget est habituellement accepté dans son entier par l'assemblée, parce que tous les détails ont été revisés par le comité des finances du Conseil de l'Empire, quelques membres font des observations générales et des discours d'ensemble, mais la procédure devant le *Plenum* est courte.

Dans le comité des finances du Conseil, chaque chapitre et chaque paragraphe du budget est discuté sépa-

rément avec la plus grande attention ; il y a souvent de vives discussions avec les chefs des différents départements, et chaque petit détail est examiné à fond.

Le *Plenum*, ou assemblée générale du Conseil de l'Empire, a le droit, comme cela a été dit déjà, de réviser les opinions émises par le comité des finances, mais cela a lieu rarement. Tout est fait, dans le comité (composé de cinq ou six membres), en présence du ministre des finances et du contrôleur de l'Empire.

Le comité des finances du Conseil de l'Empire est, d'après la loi et en réalité, entièrement indépendant de l'administration, soit du département des finances, soit de tout autre ministre. Souvent le comité apporte au budget des changements matériels et, si cela est nécessaire, il réduit même les dépenses. Naturellement, l'opinion du ministre des finances, qui est membre du Conseil de l'Empire ainsi que tous les autres ministres, a un très grand poids, mais elle n'est pas décisive : pour ne pas se présenter devant l'assemblée générale avec une diversité d'opinion, des concessions ont ordinairement lieu entre les ministres et la commission des finances.

En Russie, les dépenses de l'État augmentent chaque année, mais comme le revenu a également augmenté dans une proportion encore plus grande dans les dernières années écoulées, cette augmentation n'est pas une cause d'alarme. Cependant, des réductions de dépenses devraient être faites en Russie aussi bien que dans d'autres pays. Le défaut de la manière de procéder usitée en Russie est, à mes yeux, que le Gouvernement (le Conseil de l'Empire) attache plus d'importance aux détails qu'à la constitution générale du budget. On fait de nombreuses réductions de roubles et de copecks, mais on ferait une réduction de millions si le caractère général du budget était sérieusement discuté. Peut-être la cause de ceci est-elle l'absence d'un élément représentatif dans le Gouvernement.

SUÈDE

La réponse suivante a été envoyée précisément au moment de la publication (*mai* 1877), *par M. Olof Wijk, membre du Parlement Suédois.*

1° Conformément à la Constitution, les Ministres de la Couronne doivent, à l'ouverture de Riksdag ordinaire(1), envoyer deux copies, une pour chaque Chambre, des propositions concernant l'état du Trésor, et des demandes pour l'année à venir (courant du 1er janvier au 31 décembre suivant), ainsi que les propositions sur les moyens d'y satisfaire.

Ces dépenses sont disposées sous neuf titres renfermant :

La Liste civile ;
La Justice ;
Les Affaires étrangères ;
L'Armée ;

---

(1) Jusqu'en 1866, la Diète de Suède « Riksdag » était divisée en quatre ordres, noblesse, clergé, bourgeoisie, paysans. Ces quatre ordres délibéraient séparément, comme dans nos anciens États-Généraux. Une loi du 22 juin 1866 a remplacé cette institution par le régime de deux Chambres dont l'ensemble forme la Diète « Riksdag » elles ont la même compétence, le même droit d'initiative.

Deux institutions singulières distinguent cette constitution, l'une est l'élection par la Diète d'un jurisconsulte chargé de surveiller l'application des lois et de poursuivre devant la Cour du royaume tous les fonctionnaires accusés de partialité, de concussion ou d'infidélité quelconque. Ce fonctionnaire prend le titre de procureur général de la Diète, l'autre est la création d'un comité de la presse. Ce comité est composé de six membres dont trois doivent être des jurisconsultes, il est élu pour trois ans par la Diète, il est présidé par le procureur général de la Diète et chargé de veiller au respect de la liberté de la presse.

N. du Tr.

La Marine ;
L'Administration civile (Railway) ;
Les Finances ;
Les Affaires ecclésiastiques (éducation, science) ;
Les Pensions.

Ces titres sont divisés en articles séparés et détaillés :

Les propositions pour des dépenses publiques, qui ne sont pas comprises dans les propositions du Gouvernement peuvent, en tout temps, être présentées pendant la session du Riksdag par les ministres.

Toute proposition du gouvernement doit être accompagnée des motifs qui ont été donnés par le chef du département respectif devant Sa Majesté en conseil.

La Couronne a ainsi une initiative en matière de budget, mais le Riksdag a également un droit semblable qui peut être exercé quand un membre de l'une des Chambres propose une allocation qui cependant d'après la règle, doit être faite dans les dix jours de l'ouverture du Riksdag.

II. Aucune proposition du Gouvernement ou d'un membre du Riksdag au sujet d'une allocation, ne peut être prise en considération par les Chambres et votée avant que le comité spécial des finances « stats utskottet » ait donné son avis sur ce sujet. Ce comité est composé de 24 membres, nommés pour moitié par chacune des Chambres et pris parmi leurs membres. Quand le comité qui a le droit d'examiner les comptes du Gouvernement et autres documents y relatifs, a étudié les propositions, il doit faire connaître à la Chambre son opinion en lui donnant en même temps les raisons qui le rendent favorable ou défavorable aux propositions du Gouvernement ou des membres individuels de l'assemblée ; il peut aussi recommander des modifications à toute proposition. Dans les avis donnés, tous les objets compris dans chaque demande d'allocation doivent être examinés séparément et en détail.

III. La division des dépenses est déjà faite dans les propositions du Gouvernement de Sa Majesté sous les neuf titres déjà indiqués; toutes les dépenses sont examinées dans le même temps par le même comité spécial des finances. Dans le but d'épargner le temps, et d'assurer la régularité des affaires, le comité, lorsqu'il procède à son travail d'examen, communique aux Chambres son appréciation sur chaque titre séparé. Vers la fin de la session, le comité dresse et communique aux Chambres pour un examen général, ce que l'on appelle « Finans Betankandet » ou propositions des voies et moyens, présentant toutes les demandes de l'Etat basées sur les résolutions définitivement adoptées par le Riksdag pendant les discussions qu'il a eues sur le budget.

IV. Dans les questions de dépenses publiques, le comité n'a aucun droit de décision, mais un simple droit d'examen. Les propositions, soit qu'elles viennent du Gouvernement ou d'un membre individuel du Riksdag, sont renvoyées du comité aux Chambres accompagnées des observations du comité; les propositions sont alors, en même temps soumises à la Chambre, et les Chambres prennent une décision définitive, affirmative ou négative sur chaque article séparé dans l'ordre où il est présenté avec telles considérations que le comité a pu présenter, ou qui ont été proposées par un membre individuel pendant la discussion.

Les membres du gouvernement ont le droit de défendre leurs propositions dans les Chambres et d'y proposer des modifications, mais la décision sur les dépenses publiques appartient exclusivement au Riksdag avec cette restriction, que si les réductions d'allocation existant déjà pour des institutions publiques, doivent rendre impossible la marche continue de ces corps publics, ces réductions ont besoin du consentement de Sa Majesté.

L'accord des deux Chambres détermine la décision du

Riksdag ; mais si à l'occasion d'une allocation de crédit, les deux Chambres émettent des conclusions opposées et ne peuvent, sur une proposition du comité, être amenées à se mettre d'accord, alors chaque Chambre vote séparément sur la question en discussion. Les votes des deux Chambres sont réunis et la majorité des votes ainsi obtenue forme la décision du Riksdag pour se prémunir contre le cas d'égalité dans un vote de ce genre, un vote est remis et scellé dans la Chambre basse, celui-ci est ouvert en cas d'égalité de suffrages, et de cette façon la question est décidée.

Comme la seconde Chambre est plus nombreuse que la première (en ce moment il y a 198 membres contre 134), la Constitution a ainsi, pour les questions de finances dans lesquelles, en cas de désaccord entre les Chambres, on a recours au mode du vote en commun, donné une plus graude influence à la Chambre basse, c'est le seul avantage dont elle jouisse dans les questions relatives au budget. Dans les Chambres, tous les votes sont secrets.

V. Le Gouvernement n'a aucune influence sur la nomination de la commission, et ses membres n'ont pas droit d'entrée dans les réunions de la commission. La commission est nommée par les Chambres exclusivement, et elle est ainsi ordinairement l'expression des vues de la majorité dans les Chambres. On doit rappeler que la commission n'a pas le droit de décision, mais seulement d'information. Le droit de décision appartient exclusivement aux deux Chambres qui ont des droits égaux, et discutent séparément et simultanément les dépenses publiques.

VI. Il a été répondu à la cinquième question dans les paragraphes précédents.

VII. Il serait difficile de trouver des motifs de plaintes d'abus dans l'emploi des sommes votées pour les dépenses ; outre le contrôle des comptes, il y a un autre contrôle qui va plus loin dans le droit, possédé par le comité, d'examiner non seulement le budget proposé, mais encore les comptes de l'administration dans les années précédentes, à l'aide d'une révision préalable faite par douze inspecteurs nommés dans ce but à chaque « Riksdag » par les Chambres, chacune pour une moitié. Le pouvoir du « Riksdag » de résister aux demandes du Gouvernement pour obtenir une allocation, paraît être, en fait, pleinement établi. Le budget proposé ne sort pas en général des Chambres sans être soumis à des modifications plus ou moins grandes. L'accroissement des dépenses publiques a toujours été jusqu'à présent balancé par un accroissement du revenu public, malgré la réduction de beaucoup de taxes inégales et lourdes ; c'est une conséquence du développement rapide du pays sous le double rapport matériel et intellectuel.

Stockholm, mai 1877.

Signé : OLAF WIJK.

ÉTATS-UNIS (1)

SOMMAIRE

I. Au commencement de chaque session, en décembre, les propositions de dépenses de l'année financière suivante pour les différents départements du Gouvernement fédéral, sont soumises en détail au Congrès.

II. Ces différents projets de budgets » estimates « sont soumis à un comité permanent, connu sous le nom de comité des affectations de crédits « appropriations, » dans la Chambre des représentants. Dans le Sénat, ils sont renvoyés au comité des finances. Chaque Chambre du Congrès nomme également d'autres comités (2) pour réviser les dépenses des différents départements du Gouvernement ; telles sont les commissions des affaires étrangères, de la justice, de la guerre, de la marine, etc.

---

(1) Conf. *Digest* de Barclay. Constitution of the United States of America with the amendements thereto Jefferson manuel of parliamentary Practice, *Die Finanzen u. die Finanzgeschichte der Vereinigten Staaten von America*, par le baron Hock. *Bulletin de la Société de législation comparée*, article de M. Demongeat, 1872, et Georges Louis, 1877 et *passim*. *Journal des Economistes*, article de Joseph Garnier, 1877.

(2) Au commencement de chaque session, les deux Chambres constituent des commissions ou comités permanents « Standing Committees » pour faciliter les affaires. Le Sénat en constitue 26, de 3 à 9 sénateurs, la Chambre 43, de 5 à 9 membres. Les comités permanents sont un des principaux rouages de la législature et même du Gouvernement aux Etats-Unis, ils exercent spécialement la plus grande influence sur les travaux parlementaires. Dans la pratique, on laisse aux comités permanents l'initiative de toutes mesures importantes.

N. du Tr.

Des commissions spéciales sont chargées de revoir les dépenses qui ont été faites par les différents ministères du pouvoir exécutf. Les projets de loi autorisant les dépenses sont en première instance rapportées, devant la Chambre des représentants par le comité des allocations de crédit, et devant le Sénat par le comité des finances.

III. Dans la pratique, on divise les dépenses sous les différents titres répondant aux différents services publics. Le comité des crédits et le comité des finances, dépendant respectivement de la Chambre des Députés et du Sénat, portent leurs investigations scrupuleuses sur les propositions de dépenses, confèrent avec les chefs des différents départements et ont le droit de les appeler devant eux quand ils jugent utile de le faire.

Les décisions des comités sont déférées au Congrès qui les discutent et votent sur elles, tant sur les détails que sur l'ensemble. L'accord des deux Chambres est nécessaire avant qu'on puisse soumettre le bill à l'approbation du pouvoir exécutif. Ce dernier a un droit de *veto* qui est exercé par le renvoi du bill de devant l'assemblée d'où il tire son origine, avec les motifs du renvoi, mais une majorité des deux tiers de voix dans chaque Chambre fait passer tout bill malgré le *veto* du Président des Etats-Unis.

V. Les comités chargés de la révision des affectations de crédits (appropriations) et des dépenses, agissent dans une entière indépendance, et sont seulement responsables envers la branche de la législature dont ils émanent.

VI. La loi défend à tous départements d'Etat de faire des dépenses autres que celles autorisées par la loi.

VII. Il y a aux Etats-Unis tendance à accroître les dépenses, cela tient spécialement aux conséquenses de la guerre de 1861 à 1865, les investigations par le Congrès et les discussions publiques ont une tendance contraire.

Exposé présenté par l'honorable L. Dawes, sénateur du Massachussets et précédemment président du comité des affectations de crédit « appropriations » dans la Chambre des Représentants.

1. Le secrétaire de la Trésorerie est obligé, d'après la loi, de soumettre au Congrès, dès le commencement de chaque session régulière (le premier lundi de décembre), les aperçus des besoins de chaque division dans chaque département, pour les dépenses courantes de ces divisions pendant l'année financière commençant le 1er juillet suivant. Les dépenses imprévues et extraordinaires sont évaluées à mesure que les exigences se présentent.

II. Avant de faire le rapport sur les projets de loi à soumettre aux délibérations de chacune des deux Chambres, les budgets « estimates » sont soumis dans chacune d'elles à un comité des appropriations. Ces projets de loi (bills) émanent ordinairement, mais pas nécessairement, de la Chambre des Représentants. C'est la préoccupation du comité des allocations, lors de la préparation des bills, de réduire au plus bas possible chaque article des évaluations ; les bills sont ensuite soumis à la Chambre, et déférés par elle au comité de la Chambre entière (1), pour la discussion et les amendements.

III. Les demandes de crédits et les bills préparés à ce sujet, sont ramenés aux détails les plus minutieux,

(1) Committee of the whole house. Ce sont des sortes de séances moins solennelles où la discussion plus rapide et plus sommaire est affranchie de certaines solennités, causes de retard. Le « Committee of the whole house » n'est pas présidé par le « Speaker » mais par un président spécial « Chairman » souvent désigné par le président de la Chambre « Speaker » à moins que la Chambre veuille le désigner elle-même.

N. du Tr.

autant que le cas le permet. Ces subdivisions ne sont pas ordinairement renvoyées à d'autres commissions, mais sont examinées par toute la Chambre en comité.

IV. La décision du comité des appropriations a seulement le caractère d'une recommandation et les bills sont soumis à toute espèce d'amendement, soit dans le comité de la Chambre entière, ou dans la Chambre en séance publique, selon que la majorité le décide. Dans la pratique, presque chaque article est discuté ; quelques membres se donnent le rôle de prêcher l'économie et dirigent dans ce sens les discussions. Le Gouvernement, c'est-à-dire le Pouvoir exécutif, doit accepter les articles tels qu'ils ont été finalement votés par les deux Chambres.

V. Les comités pour les appropriations, de même que les comités permanents, sont nommés dans la Chambre par le speaker et dans le Sénat, par l'élection, et c'est pourquoi ils ont toujours une majorité du caractère politique de l'Assemblée dont ils font partie. En ce moment, dans le présent congrès (1), la majorité est dans la Chambre d'un côté, et dans le Sénat, d'un autre côté.

VI. Dans la pratique, le Congrès n'a pas d'autre manière de procéder.

VIII. En fait, en ce qui concerne les demandes de crédit (estimates), c'est-à-dire de la part du Pouvoir exécutif, il y a tendance à l'accroissement des dépenses ; de la part de la législature, tendance à la réduction. On a l'habitude de dire que les bureaux, s'attendant à être réduits par la législature, présentent des évaluations au-delà du nécessaire, pour avoir de la marge. La moyenne de la réduction annuelle des dépenses ordinaires a été, sous l'administration annuelle (1), depuis le mois de mars 1869, d'environ neuf millions de dollars (environ 45,000,000 de francs).

---

(1) En 1876.

Réponse de M. I. F. S. Forster et de M. David A. Welles.

Norwich Connecticut, le 24 juillet 1876.

Cher Monsieur, chacun de nous a reçu une copie de la circulaire de *Cobden-Club*, de juin 1876, demandant des renseignements sur le système adopté aux Etats-Unis, pour discuter et contrôler les dépenses proposées par le Pouvoir exécutif. Nous réunissons notre exposé dans la réponse suivante, aux différentes questions.

I. Les différents départements ministériels du Gouvernement fédéral, soumettent au Congrès, au commencement de chaque session, leurs propositions de dépenses pour l'année financière suivante, avec les articles détaillés.

Les diverses propositions sont renvoyées, par la Chambre des représentants, à un comité permanent, connu sous le nom de comité des affectations de crédits, « *commitee on appropriations* », et par le Sénat, à un comité dit des finances, en outre, il y a dans chaque Chambre du Congrès d'autres comités chargés de la surveillance des différents départements ministériels; comme le comité pour les affaires étrangères, celui de la justice, des affaires militaires, de la marine, des pensions, etc., comme aussi des comités spéciaux, ayant la mission de revoir les dépenses courantes faites par les départements de l'exécutif. Tous ceux-ci prennent connaissance des propositions de dépenses, mais les bills qui autorisent la dépense sont, en premier lieu, soumis à l'examen, dans la Chambre des représentants au comité « *on appropriations* » et dans le Sénat, au comité des finances. Ces deux comités se livrent à un examen minutieux, confèrent avec les chefs des différents départements ministériels, et ils ont le pouvoir d'appeler devant eux qui ils jugent utile.

III. Les numéros I et II répondent à la troisième question.

IV. Les conclusions des différents comités, chargés de l'examen des dépenses, ayant été renvoyées respectivement aux deux Chambres du Congrès, sont alors l'objet d'un examen attentif et de débats dans la session législative; on vote, si on le demande, sur les articles séparés et enfin sur le bill en entier, révisé et amendé. Le concours des deux Chambres est nécessaire avant de soumettre tout bill au Pouvoir exécutif pour l'approbation. Le Pouvoir exécutif a un droit de *veto* qui se manifeste par le renvoi du bill à la Chambre, dont il émane, en y joignant les motifs de ce renvoi. Le Congrès peut passer outre malgré le *veto*, après un vote d'une majorité des deux tiers des voix dans chaque Chambre.

V. Les comités des deux Chambres, chargés de la révision des demandes de crédit et des dépenses, agissent en toute indépendance, chacun à l'égard de l'autre, et ne sont responsables qu'envers la branche du Congrès dont ils émanent.

VI. La loi défend à tout département ministériel de faire aucune dépense autre que celles autorisées par une loi, mais ces prescriptions sont presque toujours éludées plus ou moins, et les bills pour déficit forment invariablement une part des actes d'allocation de crédit, *appropriation acts* de chaque session.

VII. La tendance de chaque département ministériel des Etats-Unis, sans en excepter même les deux Chambres du Congrès, est d'accroître les dépenses d'une manière continue. Cette augmentation, imputable, depuis 1861, principalement à la guerre, a été très grande. Les investigations par le Congrès, les discussions par le public ont, au contraire, une tendance à restreindre la dépense et à provoquer les économies. Mais l'augmentation de dépense est aujourd'hui le danger criard dans chaque service du gouvernement des Etats-Unis, dans les Etats séparés comme dans le Gouvernement fédéral. Bref, tout tend à baisser de prix aux Etats-Unis, excepté le Gouvernement.

Dans notre opinion, avec la forme de Gouvernement républicain, on ne peut avoir une barrière aux dépenses du Gouvernement, plus efficace qu'une opinion publique sérieuse et intelligente, en faveur de l'économie. Quand le peuple est indifférent, la profusion et l'extravagance deviennent la règle, la modération et la sage discrétion sont l'exception.

Nous sommes, etc.

L. F. S. Forster.

David A. Welles.

A M. T. B. Potter, esq. M. P.

Réponse de M. Clarkson, N. Patter de New-York.

Les réponses ci-dessous se rapportent au congrès des Etats-Unis, où tout bill de demande de crédit doit prendre son origine dans la Chambre des représentants, mais peut être amendé, c'est-à-dire augmenté ou diminué, dans le Sénat, a mendements auxquels la Chambre doit concourir. En cette matière, et surtout dans la pratique pour l'établissement des crédits, les législatures d'Etat se conforment généralement au mode de procéder du congrès.

I. Oui.

II. Les bills d'affectation de crédit doivent être d'abord examinés dans le comité d'appropriation (11 membres), qui soumet les bills d'appropriation, dans une forme déterminée, à la Chambre où ils sont examinés en comité de toute la Chambre, et dès qu'ils ont été réglés dans ce comité formé de la Chambre entière, ils sont recommandés à la Chambre *haute*. Certaines matières, comme les dépenses de l'administration des postes, celles pour l'amélioration des rivières et ports, sont d'abord examinées dans des comités chargés spécialement de ces parties de l'administration, elles sont ensuite soumises au comité d'appropriation. Dans les autres cas le comité d'appropriation agit directement.

III. Oui, comme il est établi au n° 11.

IV. Oui, à la révision par l'Assemblée ; non, si par Gouvernement on entend le pouvoir exécutif. Le pouvoir exécutif n'exerce aucun contrôle soit sur la législation concernant les dépenses, sauf que tous les bills doivent obtenir l'assentiment du président, et dans le cas où cet assentiment est refusé, le bill ne peut être adopté que sur une majorité des deux tiers des voix dans les deux Assemblées.

V. Ce sont des comités permanents sur des matières spéciales, ils doivent faire leur rapport à la Chambre.

VI. Le pouvoir exécutif ne peut rien dépenser que la législature n'ait d'abort voté.

VII. Oui, dans une certaine mesure.

Réponse de M. I. S. Moore, éditeur du « New-York World. »

New-York, 12 juillet 1876.

Monsieur,

J'ai l'honneur de vous accuser réception de votre circulaire imprimée du 2 juin demandant des renseignements sur les moyens adoptés aux Etats-Unis pour critiquer et contrôler les dépenses proposées par le pouvoir exécutif.

Votre communication contient sept questions sur lesquelles vous demandez une réponse spéciale. J'ai une grande satisfaction à donner à la commission du *Cobden-*

club, une reponse aussi détaillée que peuveut me le permettre mes observations personnelles.

I. On procède de la manière suivante : d'après la loi le congrès doit se réunir le premier lundi de décembre, pendant ce mois où la Chambre est en session, le secrétaire de la trésorerie envoie le projet de budget « estimates of appropriations, » pour tous les services pendant l'année financière suivante, dans la forme d'une lettre adressée au président de la Chambre.

J'envoie par la poste une copie de cette lettre des évaluations pour l'année 1874, qui vous donnera une idée de cette procédure.

Mais pour vous rendre cela aussi clair que possible, j'ajouterai seulement que les départements ministériels suivants (1) :

Institutions civiles,	département des finances,
Commerce étranger,	département d'Etat,
Etablissements militaires,	département de la guerre,
Etablissements maritimes,	département de la marine,
Affaires indiennes,	département de l'intérieur,
Pensions,	département de l'intérieur,
Travaux publics,	département de la guerre, de la marine, de l'intérieur, des finances,
Service des postes,	département des postes,
Affaires diverses,	département des finances,
Crédits permanents,	département des finances,

(1) Aux Etats-Unis d'Amérique, dans le Gouvernement il y a plus de budgets que de ministères. C'est-à-dire que les chefs de certaines divisions administratives, quoique ressortissant à un ministère, présentent eux-mêmes directement leur projet de budget ; comme si, par exemple, en France, la division de l'Algérie qui ressortit au ministère de l'intérieur, présentait elle-même son projet de budget.

N. du Tr.

envoient chacun au secrétaire de la trésorerie les évaluations des demandes de leurs départements respectifs, pour la prochaine année financière commençant le 1er juillet.

Le secrétaire de la trésorerie a alors les évaluations imprimées dans la forme que je vous envoie, il la transmet au Président de la Chambre, toujours autant que possible pendant la première semaine de la session.

II. Pour répondre à cette question, il est nécessaire de poser en principe que toute mesure législative, dans le congrès fédéral, est d'adord soumise à des commissions spéciales, dont je vous envoie la liste.

Ainsi par conséquent les évaluations du secrétaire de la trésorerie sont transmises, par le Président, à la commision formée pour ce but spécial, c'est-à-dire à la commission des appropriations. Cette commission analyse avec soin toutes les évaluations du secrétaire des finances afin de pouvoir soumettre à la Chambre ses propres évaluations pour chaque service. C'est son devoir, son privilège de réduire ou d'augmenter selon qu'elle le juge nécessaire les évaluations du secrétaire des finances ; et très souvent, des sommes importantes sont ajoutées par la commission des appropriations pour les services des constructions de travaux publics, et de beaucoup d'autres choses qui ne se trouvent pas comprises dans les évaluations du secrétaire des finances.

III. La commission des appropriations divise les évaluations en plusieurs bills, par exemple : le commerce avec l'étranger forme un bill séparé, le service des postes un autre, les Indiens, les pensions, etc., chacun de ces bills séparés, après avoir été instruit dans la commission des appropriations, est remis à un membre de la commission qui a le devoir de le présenter à la Chambre en comité général. Le membre qui est chargé d'un tel bill fait la motion que le Président quitte le fauteuil et que la Chambre se constitue en comité général.

Le speaker alors nomme un président (1), et quitte le fauteuil. Le bill est alors porté devant la Chambre en comité général, débattu et discuté, et les amendements sont, selon leur ordre, votés au moyen des scrutateurs et non pas par oui ou non (2).

Alors le bill ainsi amendé, après avoir passé par la Chambre entière en commission, est immédiatement porté devant la Chambre, c'est-à-dire que le comité est

---

(1) Le président du comité des allocations de crédit, n'est-il pas, dans ce cas, de plein droit, le président de la Chambre entière constituée en *comité* et qui prend alors le titre de *chairman* par opposition au président de la Chambre proprement dite qui prend le titre de *speaker* ?

(2) Les votes ont lieu verbalement et collectivement, les membres qui sont pour l'affirmative crient sur l'interprétation du président « yes », les membres qui sont pour la négative crient « nay ». Le président juge d'après l'intensité des clameurs de quel côté est la majorité. — S'il y a des doutes, ou si un membre conteste son appréciation, on procède au scrutin par division.

Ce scrutin avait autrefois lieu par sortie de la salle de tous les membres d'une des opinions en présence, les membres de l'autre opinion restaient dans la salle. Il était alors très important de savoir quels membres devaient sortir, et quels membres devaient rester. Ces derniers avaient un grand avantage, ils ralliaient les membres indifférents et inattentifs. La règle générale était de faire rester dans la salle ceux qui désiraient maintenir ce qui existait, soit qu'ils dussent voter « yes » ou « nay » (voir Barclay's digest).

Les scrutateurs « tellers » comptaient d'abord, les membres présents dans la salle, puis ceux qui étaient sortis à mesure qu'ils rentraient.

Aujourd'hui, pour éviter ces complications, les deux Chambres du congrès ont adopté un procédé beaucoup plus simple. Quand le vote verbal laisse subsister des doutes, ou que la division est demandée les « yes » ou membres votant par « yes » se lèvent d'abord et restent à leur place, le président les compte, puis les « nays » se lèvent et le président les compte également.

En cas de doute persistant, ou sur la demande d'un cinquième du *quorum* de la Chambre, le président nomme deux membres, un de chaque partie, pour compter les voix, et leur décision proclamée par lui est acquise comme résultat du vote.

Le vote par assis et levés tend à se substituer au vote par clameur qui produisait trop de bruit et de tumulte. (V. Bulletin de législation comparée, an. 1876.) - N. du Tr.

levé, et le président du comité général fait au speaker le rapport du passage du bill dans le comité général. Le speaker alors, du haut de son siège, pose la question de savoir si le bill doit être soumis au vote, et si le bill doit être soumis au vote par oui ou non, c'est-à-dire que les membres de la Chambre doivent voter nominativement pour ou contre la mesure proposée, mais à cette phase le bill n'est plus discutable.

IV. Naturellement, comme je l'ai déjà exposé, tout membre peut proposer un amendement et donner ses raisons, et très souvent les évaluations (estimates) faites par la commission des allocations sont repoussées, diminuées ou augmentées. La commission des allocations exerce certainement une grande influence, mais c'est la majorité dans la Chambre qui appuie cette influence ou la combat.

V. Les comités permanents ne sont pas du tout nommés par le Congrès, mais par le speaker qui, au commencement de chaque nouveau Congrès, nomme les commissions permanentes qui servent pendant la durée du Congrès ou autrement dit pendant deux sessions.

Quant à l'indépendance des commissions il est bon de rappeler que la commission d'allocation de crédit n'a aucun pouvoir pour donner force à un acte, ou pour insister sur son adoption, elle est seulement le serviteur d'un ordre supérieur de la Chambre, ayant mission de bien examiner les propositions de dépenses faites par les départements et de donner à la Chambre les explications les plus complètes sur le rejet, la réduction ou l'augmentation des articles, c'est à la Chambre de juger jusqu'à quel point la commission d'appropriation a bien accompli son devoir.

VI. Il ne peut y avoir d'acte législatif dans le Congrès sans le concours des commissions permanentes, et la première chose que doit faire le speaker élu, c'est de nommer les commissions permanentes.

VII. Dans la session actuelle, les propositions de dépenses du Gouvernement ont été réduites de 18 à 20 millions de dollars. Naturellement, il reste à savoir si le service en souffrira, mais il n'y a pas de doute à avoir que la révision des évaluations du Gouvernement, d'abord faite par la commission des allocations du crédit, et finalement par l'ensemble des membres de la Chambre n'ait pour effet de diminuer les charges et d'effectuer d'utiles réformes.

J'ai l'honneur, etc.

J.-S. MOORE.

A T. B. Potter esq. M. P.

Réponse de M. Horace White, éditeur du *Chicago-Tribune*.

Chicago-Illinois, juillet 13 1876.

Monsieur,

Je réponds à votre circulaire du 28 dernier, demandant certains renseignements sur les moyens adoptés en Amérique pour critiquer et contrôler les dépenses proposées par le Gouvernement. Je vous transmets les réponses suivantes correspondant aux diverses questions.

I. Au commencement de chaque session régulière du Congrès le secrétaire de la Trésorerie transmet à la Chambre des représentants un état détaillé des demandes de crédit *estimates of appropriations*, faites pour le service de l'année financière suivante. Ces évaluations sont préparées par les divers départements ministériels qu'elles concernent, et envoyées au Secrétaire de la Trésorerie. Celui-ci les groupe et les dispose avant de les transmettre à la Chambre.

II. Des copies imprimées des évaluations sont délivrées à tous les membres de la Chambre, et la matière est spécialement renvoyée à la commission des allocations de crédit, qui doit porter son attention sur chaque article séparément. Quand la commission fait son rapport dans la forme d'un bill d'allocation de crédit, il est dans la pratique des membres de la Chambre de discuter les articles en pleine assemblée.

III. C'est l'usage de la législature de diviser les dépenses proposées en plusieurs titres représentant les principaux départements des services publics. Ces divisions de dépenses ne sont pas renvoyées à l'examen de commissions séparées.

IV. Toutes les décisions de la commission des allocations sont soumises à la révision par la Chambre, mais non par le pouvoir exécutif.

V. Aucunes dispositions spéciales n'ont été prises pour assurer l'action indépendante des commissions ou de la Chambre, elles sont supposées jouir d'une entière indépendance sans aucune mesure spéciale pour y pourvoir.

VI. La réponse est dans le paragraphe précédent.

VII. L'expérience a montré que le but poursuivi par le Corps législatif, dans l'examen des articles de dépenses proposées, a eu pour effet d'abaisser les charges appuyées par le Gouvernement, et de limiter les abus dans l'administration.

Les bills d'allocation de crédit, après leur adoption par la Chambre des représentants, vont au Sénat où l'on suit la même procédure sous le double rapport des comités, du débat général et de la décision finale.

Les restes d'allocations non dépensés à la fin de l'année financière, pour laquelle elles ont été autorisées, sont reversés dans le trésor et ne peuvent en ressortir sans une nouvelle allocation.

Un nombre limité d'allocations de crédits, comprenant celles concernant les intérêts de la dette publique, sont permanentes, c'est-à-dire que l'argent, requis pour les crédits, peut être mandaté en tous temps, quand cela est nécessaire, en dehors des allocations annuelles du congrès.

Je suis, etc.

Horace WHITE.

A T. B. Potter esq. M. P.

Réponse de M. Charles Nordhoff.

Washington, 17 août 1876.

Cher Monsieur,

En réponse à votre lettre du 28 juin, je vous envoie les renseignements suivants :

I. Au commencement de la session du congrès, le secrétaire du Trésor présente au speaker de la Chambre des représentants « les évaluations des allocations nécessaires pour le service de l'année financière prochaine ». Dans le volume, dont je vous envoie un exemplaire, les dépenses proposées sont présentées, comme vous le voyez, en détail, et en même temps avec les propositions actuelles se trouvent, également détaillées, celles de l'année précédente.

II. La Chambre des représentants eut d'abord la coutume de séparer les chapitres et de renvoyer chacun d'eux à une commission distincte. Alors, la commission pour les affaires étrangères examinait les propositions de dépenses pour les relations extérieures ; la commission pour les affaires navales examinait les propositions pour la marine, etc. Mais, depuis les dix dernières années, une autre coutume a prévalu, d'après laquelle la commission des allocations fait l'examen de l'ensemble des propositions de dépenses, ou au moins de certaines parties, ainsi qu'elle a la faculté de les choisir. A la session qui vient d'être close, cette commission s'est chargée de l'ensemble des propositions, excepté de ce qui est connu sous le nom de bill des rivières et ports indiqué, dans le volume que je vous envoie, sous le titre de Travaux publics. Les membres qui ont une longue expérience pensent que la pratique récente n'est pas judicieuse; elle impose des charges excessives à une seule commission qui a été originairement créée pour un but moindre et différent. Pour moi, je ne doute pas que la première manière ne fût la meilleure.

III, IV. La commission ayant achevé son examen sur un chapitre, par exemple celui des affaires étrangères, renvoie le bill à la Chambre qui, alors, l'examine en comité de l'Assemblée entière. Il peut être amendé, accepté ou renvoyé à la commission avec des observations (ceci répond à la quatrième question).

V. Les commissions sont nommées par le speaker de la Chambre, dans laquelle il est lui-même élu par l'Assemblée et représente naturellement la majorité de la Chambre. Les commissions sont composées de sept, neuf ou onze membres. La majorité se trouve formée des membres de la majorité de la Chambre. Il est d'usage que le président d'une commission s'entende avec le chef du département ou du bureau dont les propositions sont soumises à l'examen, demande et reçoive des renseignements, s'il en a besoin (1).

---

(1) On sait qu'aux Etats-Unis d'Amérique, les ministres n'ont pas entrée au Congrès, et que par suite, ils ne prennent pas une part directe à la discussion du budget. Le ministre du trésor ne peut saisir directement le Congrès d'une proposition, il ne peut arriver jusqu'au Congrès que par l'intermédiaire du président de la Commission. A titre de tolérance les ministres ont l'accès de l'Assemblée, ils se placent soit à côté d'un membre de l'Assemblée et lui suggère les demandes ou les observations à faire. Cette situation qui subordonne le ministre à la commission et qui déplace la responsabilité, a été souvent critiquée.

N. du Tr.

VI. Les dépenses sont faites, pour la plus grande partie, en vertu des lois régulièrement établies qui fixent les traitements de tous les agents, depuis le plus élevé jusqu'au plus modeste ; ces lois sont rarement changées. Il est entendu que ces lois ne doivent pas être changées dans un bill de propositions de dépenses, mais par un acte séparé. La Chambre, cependant, détermine le nombre de personnes qui peuvent être nommées ou conservées dans les différentes classes d'agents. Ainsi, par exemple, on fait une loi spéciale pour changer la paie des matelots, le traitement des officiers de marine, mais dans un bill d'allocation de crédit (un budget de la marine), on devrait prescrire le nombre des matelots à inscrire sur les rôles. Quand les bills ont été approuvés par la Chambre, ils sont envoyés au Sénat, où ils sont examinés par les commissions compétentes, rapportées devant le Sénat et débattues. Si le Sénat n'approuve pas un bill de cette espèce ou tout autre, on demande la formation d'une commission de conférence, composée ordinairement de trois membres de chaque Assemblée (1), où les questions en litige sont de nouveau examinées et un accord consenti qui est alors porté devant chaque Chambre et adopté. Là, il peut encore être rejeté par une Chambre, car le rapport de la conférence n'est pas nécessairement décisif (2).

VII. A votre septième question, je réponds : oui, modérément. Les charges sont diminuées, et les abus limités, je pourrais même dire dans une large mesure, parce

---

(1) Suivant quelques auteurs on élit 5 membres de chaque Assemblée dont 3 de la majorité et 2 de la minorité.

N. du Tr.

(2) Il n'est pas sans exemple que les tentatives pour obtenir l'accord des deux chambres aient été souvent fort longues, que plusieurs commissions de conférence aient été successivement réunies, que des sessions aient même dû être prolongées jusqu'à ce que l'entente ait été établie. Mais ce qui nous paraît devoir atténuer ces résistances au point de vue de la marche des affaires aux Etats-

que la minorité est vigilante et fait connaître au pays tous les abus qu'elle peut découvrir. Là majorité est constamment sur la défensive et forcée de se mettre en garde contre les extravagances et les abus. Le parti maintenant au pouvoir, et qui le tient depuis 1861, a graduellement réformé et réduit les dépenses publiques depuis la fin de la guerre. A la présente session, l'opposition a une prédominance dans la Chambre des représentants ; elle a porté plus loin les réductions, et elle en a fait d'importantes, comme vous avez pu le voir dans les journaux. Quelques-unes ont trouvé de la résistance dans le Sénat, qui est resté républicain et favorable à l'Administration (1).

Nos différentes législatures d'Etat contrôlent leurs dépenses de diverses manières, mais, en général, d'après les mêmes théories et systèmes qui viennent d'être exposés. Chez nous, le plus sérieux problème, sous le rapport des dépenses du Gouvernement ou des dépenses publiques, se produit dans les grandes villes, qui, presque toutes, se sont gravement engagées dans des dettes, depuis de longues années, par suite d'une administration mauvaise, ignorante, insouciante, et qui ne se sont cependant pas, dans la plupart des cas, assurées d'une direction efficace, ni de ce degré de confortable et de sécurité que les habitants ont le droit de posséder.

Unis. C'est que d'une part, ainsi que nous l'avons vu, certaines dépenses établies en vertu de lois spéciales ne peuvent pas être modifiées par un vote du budget, et, d'autre part, qu'il n'y a pas aux Etats-Unis un budget d'ensemble, mais une série de budgets préparés dans le sein des comités permanents et dont l'ensemble remplace le budget.

N. du Tr.

(1) Cet antagonisme se produit surtout dans les questions commerciales. Les démocrates, qui sont en majorité à la Chambre des représentants, sont en général partisans des doctrines de libre-échange. Les républicains qui dominent au Sénat sont en général partisans de la protection.

N. du Tr.

Réponse de M. John T. Hoffmann, dernier Gouverneur des Etats-Unis

New-York, juill. 26, 1876.

Monsieur,

En réponse aux questions formulées dans votre lettre circulaire imprimée, j'ai l'honneur de vous faire connaître les faits suivants :

I. Aux Etats-Unis, le Gouvernement, par l'intermédiaire du secrétaire de la trésorerie un des membres du cabinet du Président, soumet au Congrès qui est la législature du pays, l'état des articles de dépenses présumée nécessaires pour l'année courante.

II. Tout article de dépense proposée, soit qu'il soit suggéré (1) par le secrétaire de la trésorerie ou par toute autre voie, est d'abord pris en considération et examiné à fond par la commission des voies et moyens (ainsi qu'on l'appelle) de la Chambre des représentants, Chambre basse du Congrès, cette commission en fait ensuite le rapport à la Chambre. Ce rapport est discuté en pleine assemblée de la Chambre qui l'approuve ou le modifie selon le cas. Chaque détail de dépense proposée, auquel une objection est faite, ou sur lequel on propose quelque changement, fait l'objet d'une discussion et d'une proposition spéciale.

Quand la Chambre basse a émis son avis sur la matière, et voté le bill, il est porté devant le Sénat qui est la Chambre haute, où il est examiné et discuté dans le comité des finances, comme on l'appelle, puis en pleine assemblée du Sénat.

Si le Bill, tel qu'il a été voté par la Chambre des re-

---

(1) Nous avons eu l'occasion de faire remarquer que les ministres, par exemple, le secrétaire de la trésorerie ne peut présenter directement au Congrès une demande de crédit, il doit la suggérer, la proposer à la commission des voies et moyens, par l'intermédiaire du président. N. du Tr.

présentants, est approuvé par le Sénat sans amendement, il est alors envoyé dans son entier au Président pour son adoption. Celui-ci a dix jours pour se prononcer ou pour le renvoyer avec un exposé de ses objections. Ce dernier acte est appelé un *veto*.

Si le Bill de l'assemblée est amendé dans le Sénat dans une partie, il est renvoyé à la Chambre basse pour s'accorder sur les amendements; si les Chambres les acceptent, le Bill est grossoyé et envoyé au Président qui peut l'approuver, ou y mettre le *veto* comme dans le cas précédent. Si la Chambre ne s'accorde pas avec le Sénat sur les amendements, on nomme des commissions de conférence des deux assemblées. Quand elles se sont mises d'accord, elles font à leurs assemblées respectives le rapport sur leurs conclusions, et ce rapport est en général accepté. Le Bill grossoyé est envoyé au Président, qui peut l'approuver ou y mettre son *veto*. Le plus souvent, sinon toujours, l'usage commun est d'approuver. Si le Président renvoyait le Bill avec ses observations, celui-ci ne pourrait devenir une loi, à moins que le *veto* ne fût annulé par un vote des deux tiers des membres de chaque Chambre présents au moment du vote.

III. C'est l'usage de diviser les propositions de dépenses sous plusieurs titres répondant aux principaux départements des services publics, mais ces divisions ne sont pas renvoyées à des commissions distinctes. Il y a des commissions distinctes auxquelles sont renvoyées les matières se rapportant à différents départements, mais toutes les propositions concernant des affectations de crédits, *appropriations*, ou des dépenses en argent sont renvoyées comme cela a été dit à la commission des voies et moyens (récemment on a créé une nouvelle commission, appelée commission des affectations de crédit, *committee on appropriations*, qui arrête le total des allocations, précédemment faites par une sous-commission des voies et moyens).

Le secrétaire de la trésorerie a le droit de faire toute observation à cette commission, mais il n'a pas le droit de siéger dans l'une ou l'autre Chambre, il ne peut prendre part à la discussion dans l'assemblée réunie (1).

IV. La décision du comité est soumise, comme on l'a dit, à la révision de la branche législative du Gouvernement. Le Président des Etats-Unis qui représente ce qui, je crois, est communément appelé en Angleterre le « Gouvernement », n'a pas le droit de révision. Il peut seulement mettre son *veto* sur le Bill en donnant ses motifs. Si le Bill n'est pas passé, comme cela a été exposé déjà, par suite du *veto*, un nouveau projet (*bill*), peut être voté, modifié de manière à répondre aux objections du Président, il doit aussi passer par la commission, et être soumis à la discussion en pleine assemblée comme la première fois.

V. La commission des voies et moyens est prise parmi les membres de la Chambre, par le Président « speaker, » aucune mesure n'a été jugée nécessaire pour assurer l'indépendance d'action de la commission, et elle n'est en aucune façon dépendante ou responsable devant le pouvoir exécutif. Le Sénat, en général, forme ses commissions par un vote, les membres de la commission ayant d'abord été agréés dans une réunion préparatoire dite *Caucus* (2) ou consultation préalable d'une majorité

---

(1) Voir la note, p. 145.

(2) *Caucus*. Dans les Etats-Unis d'Amérique, on donne ce nom à des réunions préparatoires, fort en usage dans ce pays, réunions provoquées par les chefs reconnus des partis politiques, et dans lesquelles on discute, et on arrête l'attitude et le vote sur des propositions soumises aux Assemblées délibérantes, ou sur une élection, comme par exemple l'élection du Speaker de la Chambre des députés. Ces réunions préparatoires ont une très grande influence dans un pays où les partis sont peu nombreux et soumis volontairement à une grande discipline. Nous avons en France quelque chose d'analogue dans les réunions préparatoires des groupes des nombreux partis qui existent dans nos deux Assemblées délibérantes, et surtout dans l'embrigadement de plus en plus systématique du suf-

de sénateurs représentant le parti politique dominant pour le moment dans le pays.

VI. On voit déjà comment la législature peut réduire et contrôler les propositions du Gouvernement en ce qui concerne les dépenses publiques.

Ce que j'ai dit se rapporte spécialement aux bills d'allocations générales, comprenant les évaluations du secrétaire de la trésorerie. Ces observations sont cependant également applicables aux lois spéciales nombreuses et qui ne s'appliquent qu'à des dépenses particulières. Celles-ci ne sont pas nécessairement suggérées par le Gouvernement, souvent elles sont proposées dans le congrès.

VII. Il n'est pas aisé de répondre à la septième question d'une manière satisfaisante, notre expérience sur l'augmentation ou la diminution des dépenses publiques a été si changeante. Le pouvoir exécutif et le pouvoir législatif sont retenus réciproquement l'un par l'autre. Mon sentiment personnel est que la tendance de la législature a été portée à augmenter les dépenses proposées par le Gouvernement aussi souvent qu'à les réduire.

A l'époque présente (1), cependant, la Chambre basse, qui est en opposition politique avec le Président des Etats-Unis, et le Sénat fait des efforts prononcés pour diminuer d'une manière très sensible les propositions de dépenses.

Il ne me paraît pas hors de propos de dire quelques mots sur les dépenses de l'Etat de New-York, qui est, sous le rapport de la population, à la tête des Etats-Unis, car sa population est d'environ 4 millions et demi. Chaque Etat, dans l'Union, règle ses propres dépenses d'Etat et ses dépenses municipales, d'après sa Constitution particulière et ses propres lois.

---

frage universel, qui tend à tout subordonner à l'influence occulte des comités électoraux organisés en vue d'élire des représentants inféodés qui pratiquent en retour la razzia des places pour leur syndicat électoral. N. du Tr.

(1) 1876.

Le chef du pouvoir exécutif s'appelle « le gouverneur », il est élu par le peuple, pour une durée de trois ans ; le fonctionnaire chargé des financee est appelé « le contrôleur », il est élu aussi par le peuple. La législature est composée d'un Sénat et d'une assemblée, le premier compte 32 membres, l'Assemblée en compte 128, tous élus par le peuple : les sénateurs par les districts sénatoriaux, l'Assemblée par les districts élisant les représentants. Le contrôleur soumet annuellement à la législature une évaluation des dépenses proposées par les différents départements du gouvernement d'Etat comprenant les subsides pour les écoles publiques, les intérêts de la Dette publique, et telles autres sommes qui peuvent être nécessaires pour payer toute dette de cette nature arrivées à échéance. Toutes ces évaluations sont d'abord examinées par la commission des voies et moyens dans l'Assemblée, et discutées en pleine réunion de la Chambre, puis ensuite par le comité des finances du Sénat, et en pleine réunion du Sénat. Si cela est nécessaire, des commissions de conférences sont formées, là aussi toutes les commissions sont indépendantes du pouvoir exécutif de gouvernement.

Pour l'adoption d'un bill allouant une somme en argent, le vote est pris par oui ou non, et les trois cinquièmes des membres élus dans chaque Chambre est nécessaire pour constituer la majorité.

Le bill adopté est envoyé au gouverneur pour être approuvé. Il peut s'y opposer ou le renvoyer avec ses objections qui sont constatées sur le procès-verbal, et sur lesquelles on ne peut passer outre que par un vote des deux tiers de tous les membres élus de chaque Chambre.

Quand j'étais gouverneur de New-York, je proposai un amendement à la Constitution qui autorisait le gouverneur à mettre son *veto* à un article donnant lieu à une objection, dans un bill d'appropriation, et à approuver les autres, de sorte que le bill adopté serait maintenu à l'exception de l'article non approuvé. La législature pouvait naturellement passer outre au *veto* comme dans les autres cas. Cet amendement a été adopté et produira sans doute de bons résultats. Quelque puisse avoir été l'expérience, ailleurs, je n'hésite pas à dire que dans l'état de New-York la tendance de la législature a été d'accroître plutôt que de diminuer la dépense proposée par le pouvoir exécutif.

Votre, etc.

JOHN T. HOFFMAN.

A M. Thomas Belley Potter, esq., secrétaire du *Cobden-Club*.

Réponse de M. A. Pratt.

Spingfield-Mass., 9 août 1876.

Cher Monsieur,

J'ai eu l'honneur de recevoir la lettre-circulaire du *Cobden-Club*, proposant certaines questions « au sujet des moyens adoptés en Amérique pour critiquer et contrôler les dépenses proposées par le pouvoir exécutif. »

Je ne suis pas au courant de la pratique des autres Etats en ce qui concerne les points dont il s'agit, mais je ne doute pas qu'elle ne soit en substance la même que dans l'Etat de Massachussets. Dans cet Etat, toutes les questions qui se présentent devant la législature et qui ont pour conséquence une dépense d'argent, sont renvoyées à une commission de finances. Cette commission, pendant la première semaine de chaque session de la législature, prépare les bills d'appropriation pour l'année. Ces bills ont pour objet de subvenir aux besoins du Gouvernement local, et ils mettent à part certaines sommes, en général fixées par des statuts pour la dépense de chacun des départements, exécutif, judiciaire, législatif, des œuvres charitables, et de l'agriculture; pour les dépenses des bureaux du secrétaire d'Etat, du trésorier, de l'auditeur, de l'attorney général, du service militaire, et des différentes commissions (caisse d'épargne, compagnie d'assurances, etc.). Quand ces bills sont prêts, la commission en fait le rapport à la législature. Comme ils sont basés sur des lois existantes, ces bills sont soigneusement examinés en séance publique par la législature, afin de vérifier leur stricte conformité avec la loi, puis ils sont adoptés sans débats.

On comprend que les bills ci-dessus couvrent les dépenses ordinaires de l'Etat. La commission des budgets « estimates » de comté examine les rapports des différents corps des fonctionnaires de comté, demandant les fonds nécessaires pour couvrir les dépenses du comté, et elle recommande à la législature la concession de telle ou telle somme, selon que les besoins des différents comtés semblent la requérir. La législature discute, amende, augmente ou diminue les chiffres proposés, selon qu'elle le juge à propos. En cas de dépenses insolites ou extraordinaires (telles que la construction de nouvelles prisons, ou le percement du tunnel de Hoozac), c'est la commission chargée de l'affaire, qui recommande à la législature l'application de certaines sommes à cet objet.

Les propositions de ces commissions donnent ouverture à des débats, à des amendements ou même au rejet pur et simple, mais elles sont toujours renvoyées à la commission de finances, pour constater, avant d'adopter les dépenses recommandées, leur rapport avec l'état du Trésor et avec les lois existantes.

J'ai, je crois, répondu à toutes vos questions, excepté à la dernière. C'est une question de savoir si la méthode adoptée par la législature, telle que je viens de l'exposer, est la meilleure pour assurer l'administration économique des affaires de l'Etat ou pour limiter les abus de eette administration. L'expérience de plusieurs années semble indiquer que les résultats de cette pratique ont été et sont encore aussi satisfaisants qu'on peut raisonnablement le demander.

Votre tout dévoué,

Edwin A. PRATT.

A M. B. Potter, membre du Parlement.

GRANDE-BRETAGNE (1)

I. Les finances de l'Etat sont actuellement administrées par un bureau (bureau de la Trésorerie), composé de cinq membres. Le Président, désigné sous le nom de premier Lord de la Trésorerie, est ordinairement le premier ministre, mais comme il doit s'occuper à ce dernier titre des affaires générales du pays, il abandonne la plus grande partie des affaires ordinaires de la Trésorerie au second commissaire, que l'on appelle « le chancelier de l'Echiquier. » Les trois autres commissaires ont une situation secondaire ; tous les commissaires doivent être membres du Parlement, ainsi que les deux secrétaires. Tous quittent leurs offices à chaque changement de ministère.

Le bureau de la Trésorerie est chargé de la surintendance et de la conservation des revenus de l'Etat. Il examine et discute les projets de budgets que les chefs des différents services doivent lui soumettre. Il a constitutionnellement le pouvoir de déterminer le montant de la dépense à faire dans chaque département ministériel. De ce travail préparatoire sortent quatre budgets partiels « estimates » pour la marine, l'armée, le département des revenus et les services civils.

---

(1) Chapitre ajouté par le traducteur.
Conf. das britische budget, par le baron de Czœrnig. — Das englische verwaltungs recht, par R. Gneist. — La constitution d'Angleterre, par Fischel, trad. par Vogel. — Constitution anglaise de Bagehot. — Le correspondant, mai 1870. — Bulletin de la Société de législation comparée, article de Louis Georges, 1876-1877. — Traité de la procédure du parlement, par Eskine May.

L'ensemble de ces budgets spéciaux ne comprend pas l'universalité des dépenses. Il n'y a aucune analogie ni dans la forme, ni dans les détails, ni dans le mode de présentation et de discussion, entre le budget anglais et le budget français.

En Angleterre, on divise les recettes et les dépenses publiques en deux catégories, dont l'une comprend toutes les dépenses qui ont un caractère permanent et les impôts qui doivent y pourvoir, l'autre comprend les dépenses dont la quotité est essentiellement variable, et un certain nombre de taxes destinées à fournir la somme nécessaire à l'équilibre du budget.

Ce sont les recettes et les dépenses de la seconde catégorie qui, seules, sont soumises au vote annuel du Parlement. Les autres sont autorisées par des lois spéciales qui restent en vigueur aussi longtemps qu'elles ne sont pas abrogées. Le Parlement ne s'en occupe chaque année que pour appliquer aux dépenses de la seconde catégorie, l'excédant des recettes de la première.

Les impôts permanents forment ce que l'on appelle « le fonds consolidé », ce sont les plus nombreux et les plus productifs. Ils sont particulièrement affectés à des dépenses spécialement déterminées par des lois et soustraites, ainsi, au vote annuel des Chambres. On a pensé qu'un rejet par les Chambres ne pourrait avoir lieu sans porter atteinte au crédit et à l'organisation politique de l'Angleterre. On range dans cette classe les intérêts de la Dette, la Liste civile, les émoluments des Cours de justice et du Corps diplomatique, les pensions conférées à titre national et les traitements de quelques fonctionnaires. Dès qu'une dépense est mise, par une décision du Parlement, à la charge du fonds consolidé, elle est à l'abri des discussions purement budgétaires, et ne peut être modifiée que par une loi spéciale. Le budget étant ainsi préparé, le chancelier de l'échiquier, peu après le commencement de chaque année financière, présente ce que l'on appelle le budget de l'année. Il fait à la Chambre le rapport des dépenses proposées et des moyens d'y pourvoir; il combine ses prévisions de manière à faire ressortir un léger excédant de recettes, sur les dépenses, une somme de 500,000 £ (1,250,000 francs) est considérée comme un excédant modéré. Des circonstances exceptionnelles entraînent quelquefois la nécessité d'un rapport supplémentaire. Il rend compte, en même temps, du budget de l'année précédente et montre en quoi les prévisions ont été dépassées. Ce rapport annuel est généralement attendu avec impatience, et pendant les réformes financières de M. Gladstone, aucun sujet n'intéressait plus vivement la nation entière. L'année financière se termine au 31 mars, en sorte que le rapport est fait, d'ordinaire, dès le commencement d'avril. Quelquefois, cependant, le terme est avancé et le rapport présenté en février.

II. La présentation du rapport du chancelier de l'échiquier donne immédiatement ouverture à un débat. En Angleterre, la procédure, pour la discussion du budget, est différente de celle adoptée dans la plupart des autres pays de régime parlementaire. Il n'y a pas de commission spéciale chargée de l'examen des dépenses proposées. La Chambre des communes a deux sortes de séances : 1° les séances présidées par le speaker, dans lesquelles on dépose les projets de bills, où l'on discute les principes. Dons ces séances, chaque membre ne peut parler qu'une fois sur la même question, sauf autorisation; 2° les séances en comité, de toute la Chambre, « Committee of the whole house », présidées par un président spécial appelé « chairman », élu pour toute la durée de la législature. Dans ces séances, d'un caractère plus intime, chaque membre peut prendre la parole plusieurs fois sur le même sujet, le chairman peut même prendré part aux débats qui ont lieu sur chaque article. Chaque semaine, un certain nombre de séances sont consacrées à ces travaux, on les appelle « Nuits des subsides, supply nights ». Comme on y discute séparément les recettes et les dépenses, ce comité de la Chambre entière prend tantôt le nom de comité des dépenses « committee of supply », tantôt celui de comité des recettes « committee of ways and means »; sous le premier nom, le comité examine les dépenses proposées pour l'armée, la flotte, les administrations civiles, il ouvre les crédits, en surveille l'emploi. Sous la seconde appellation, le comité des recettes recherche les moyens à employer pour trouver les fonds nécessaires aux dépenses autorisées, mais il ne peut augmenter les crédits ni proposer de nouvelles taxes, aucune dépense ne pouvant être votée que sur une demande du ministre.

Après ces discussions, on procède au vote, le speaker reprend son siège et la Chambre est constituée en séance ordinaire. Le chairman fait connaître, par un rapport, les décisions prises en comité ; ce rapport sert de base à de nouvelles discussions à un point de vue plus général. Les principes mis en avant par le chancelier de l'échiquier sont discutés et on en prend quelquefois ocaasion pour provoquer un vote de défiance à l'égard du Gouvernement. Si, par exemple, le chancelier a proposé de frapper un objet quelconque d'un impôt indirect, tout membre de la Chambre peut s'élever contre ce genre d'impôt. Il en en est de même du cas où le chancelier aurait proposé un accroissement « de l'income tax » impôt sur le revenu. En général, on en vient là quand l'augmentation de l'impôt est considérable. D'autres fois, dans des temps de prospérité publique, où le ministre pourrait diminuer les impôts, de vifs débats s'élèvent, dans lesquels les divers intérêts engagés donnent lieu à des discussions très animées. Au contraire, quand il n'y a lieu de prévoir ni un grand accroissement, ni une grande diminution des impôts, le budget ne soulève presque aucune discussion. Le bill du budget peut donc être adopté ou rejeté, ou amendé, ou renvoyé au comité, mais il est d'ailleurs très rare que la Chambre des communes réduise un crédit demandé par le Gouvernement.

III. On a vu au n° 1 que les dépenses étaient réparties dans quatre budgets distincts, que ces budgets n'étaient pas soumis à des commissions spéciales, mais à la Chambre entière constituée en comité, devant lequel chaque article pouvait être attaqué avant d'être accepté.

Chacun des départements que concernent ces budgets, marine, armée, revenus, services civils, est divisé en plusieurs classes telles que travaux publics, bâtiments, traitements, lois et justice, éducation, service colonial et consulaire, subventions et allocations charitables. Un chapitre spécial comprend les objets divers et les services temporaires. En 1863, on a supprimé un dernier chapitre qui demandait une allocation de crédit pour des dépenses imprévues, on y pourvoit aujourd'hui au moyen d'un fond permanent de 14,600,000 fr. environ.

Chacun des budgets spéciaux « estimates » est, en outre, divisé en articles qui se rapportent chacun à une nature de dépenses : provisions, habillement, casernement, etc., le produit du crédit voté pour le service correspondant de l'année précédente est indiqué dans une colonne séparée à côté du crédit demandé pour l'année qui suit, ces budgets sont accompagnés d'explications et de pièces justificatives.

Ces détails minutieux des dépenses sont imprimés dans des feuilles parlementaires, « in parlementary papers » appelées « estimates ». Chaque membre a droit à deux exemplaires gratis, il peut s'en procurer un plus grand nombre à des prix modérés. On les distribue de manière à laisser à chaque membre un temps suffisant pour les examiner avant de les envoyer à la Chambre réunie en comité des dépenses « committee of supply. »

Il y a autant de projets de lois « bills » de budgets que de chapitres et d'impôts particuliers, et chacun de ces bills est voté séparément. Ce procédé est appliqué surtout au budget des recettes, celui-ci est discuté au commencement de l'année financière, mais au lieu de le voter en une fois, comme presque partout, la Chambre vote une loi pour autoriser les lords de la Trésorerie à appliquer aux différentes dépenses autorisées une partie déterminée des revenus publics, cette loi est appelée « acte des voies et moyens. Plusieurs actes de voies et moyens sont ordinairement rendus dans le cours de chaque session, de manière à assurer la marche des services publics sans donner à la couronne le moyen de se rendre indépendante du Parlement et de le proroger. Mais il ne faut pas perdre de vue que les inconvénients qui pourraient résulter de ces votes successifs des crédits nécessaires aux dépenses votées sont neutralisés ou du moins très diminués, par l'institution de la catégorie des dépenses ayant, d'après la loi, un caractère permanent, et payées sur ce qu'on appelle le fond consolidé, dépenses qui se trouvent ainsi soustraites, ainsi que cela a été dit au n° 1, à la discussion et au vote annuel du Parlement, parce qu'elles n'auraient pu être refusées ou ajournées sans porter atteinte au crédit et aux institutions politiques de l'Angleterre. Ajoutons encore que toutes les recettes et dépenses locales ne sont pas, comme en France, centralisées et portées sur un budget général, mais qu'elles sont pour un somme considérable à la charge des comtés et des paroisses (1).

---

(1) En France, le budget présenté au Corps législatif comprend les dépenses spéciales des communes, celles des départements et celles des colonies, en même temps que les dépenses générales de l'Etat. Dans la Grande-Bretagne, au contraire, les agrégations locales de l'Etat s'administrent elles-mêmes, et ne font pas rentrer même par ordre leur budget particulier dans le budget des dépenses

Quelquefois, la Chambre repousse ou réduit les combinaisons financières proposées par le Gouvernement, mais cette réduction ou ce rejet ne peuvent être encouragés par le désir de la majorité de faire adopter une combinaison préférée, car la Chambre n'a aucun droit d'initiative dans les matières budgétaires, en sorte qu'aucun membre ne pourrait substituer un autre projet à celui présenté par le ministre. La Chambre n'aurait même pas le droit d'augmenter le crédit demandé.

A la fin de la session, on rend un acte général des voies et moyens « bill of appropriations » qui récapitule tous les votes de crédit et autorise la Trésorerie à affecter les revenus publics au paiement des dépenses énumérées dans ces votes.

Après avoir été voté à la Chambre des communes, après avoir subi plusieurs lectures, le budget est renvoyé à la Chambre des lords, qui le votent ou le rejettent en bloc. On ne reconnaît à la Chambre des lords aucun droit d'initiative ou d'amendement (1) dans les matières budgétaires, elle n'a que le droit de rectifier les erreurs matérielles. Mais nous rappelons qu'en Angleterre le budget est fractionné en une série de budgets, en sorte

publiques. Les associations particulières, les administrations locales prennent à leur compte des dépenses qui en France sont laissées à la charge de l'Etat et placées dans les attributions du Gouvernement. En Angleterre, il n'y a pas, à vrai dire, d'administration publique, le ministre de l'intérieur n'a que la surveillance et le contrôle de ce qui se passe dans les trois royaumes. Les finances des deux pays reflètent donc assez exactement les différences qui existent entre les mœurs politiques des deux pays, voilà pourquoi le refus de voter une partie du budget n'a pas en Angleterre les conséquences qu'un pareil refus amènerait en France, où le refus arrêterait net toute l'administration de ce pays.

(1) Dans quelques circonstances cependant la Chambre haute paraît avoir voulu revendiquer comme lui appartenant le droit d'initiative et d'amendement en matière de budget, mais ce droit se serait perdu par non usage depuis un très grand nombre d'années.

que les membres de la Chambre haute qui hésiteraient à rejeter un budget collectif en général peuvent exercer leur droit de *veto* sans le même inconvénient sur une fraction de budget qui leur est soumis. Après le vote de la Chambre des lords il est reporté à la Chambre des communes qui en a la garde à la différence des autres bills. Il revient alors porté par le speaker à la barre de la Chambre des lords, pour recevoir, comme les bills ordinaires, la sanction royale. La Couronne a le droit de *veto*, mais on a fait observer que depuis 1807, elle n'avait fait usage de ce droit pour aucun bill.

IV. On a vu au n° 11 que l'examen des budgets n'était pas fait par des comités spéciaux nommés ou élus à cet effet, mais par la Chambre entière constituée en comité sous la direction du président spécial appelé « chairman ». La discussion détaillée sur chaque article a donc lieu dans le comité général « of the whole house », et après la décision arrêtée dans le comité, le « chairman » fait connaître, dans un rapport à l'assemblée ordinaire présidée alors par le speaker, les décisions du comité sur lesquelles la Chambre vote. Deux lectures ont lieu, l'une pour la forme, l'autre pour le débat, qui est en général très limité, les discussions de détail ayant eu lieu dans le comité « of the whole house ». Les résolutions du comité sont alors converties en loi. Quelquefois, on profite de cette discussion pour attaquer le Gouvernement, même à propos des articles de dépenses les plus anciens et les mieux établis. C'est ainsi que dans une dernière session quelques membres du Parlement provoquèrent un débat au sujet des « estimates », relatifs à l'Université royale et aux collèges royaux en Irlande, non dans la pensée et avec l'intention de s'opposer à cette dépense, mais seulement pour attirer l'attention du Gouvernement sur cette question et obtenir quelques améliorations.

V. L'examen et la discussion du budget ayant lieu non dans une commission spéciale, mais dans la Chambre entière constituée en comité, il n'y avait pas lieu de prescrire des mesures pour assurer l'indépendance de son action.

VI. Diverses mesures ont été prescrites pour contrôler les dépenses publiques et restreindre les abus. Nous avons dit, sous le n° III, que des lois étaient nécessaires pour autoriser les lords de la Trésorerie à délivrer les fonds nécessaires aux dépenses votées, lois appelées « acte d'appropriation, » et que vers la fin de la session une loi récapitulait tous les différents votes de crédit.

Le principe général est que l'on ne peut affecter à un service particulier plus de fonds qu'il n'en est spécifié dans le vote afférent à ce service. Avant 1862, les actes d'appropriation permettaient aux lords de la Trésorerie d'opérer des virements de crédit entre deux articles du même chapitre, et en rendant compte au Parlement des motifs des virements. Cette faculté a même été retirée en 1862. Dans un cas de guerre et de dépenses imprévues, il est d'usage de demander un vote de confiance pour faire face à ces dépenses extraordinaires. Les sommes, ainsi votées, ne peuvent être employées pour autres choses ne se rapportant pas à la guerre.

Tous les revenus qui étaient autrefois versés dans les caisses de l'Echiquier sont, depuis 1834, versés dans les caisses de la Banque d'Angleterre, et l'Echiquier n'est plus qu'un bureau chargé d'exercer un contrôle sur l'emploi des fonds publics, sous la direction d'un fonctionnaire appelé contrôleur. Le caractère élevé de cette fonction, la nécessité d'une adresse présentée à la Couronne, pour obtenir le changement du contrôleur, garantissent l'indépendance de ce fonctionnaire.

Le contrôleur doit veiller à ce que les fonds demandés pour chacun des chapitres du budget n'excède pas les crédits votés pour les même chapitres. Le contrôleur ne peut retirer lui-même aucun fonds de l'Echiquier, il doit seulement ordonner à la banque d'Angleterre de

11

porter une certaine somme au crédit d'un fonctionnaire qui est appelé payeur général. Celui-ci avise chaque jour la Trésorerie du montant des sommes à payer le lendemain, en indiquant sur quels comptes; le trésorier prévient le contrôleur de l'Echiquier, afin qu'il alloue au payeur général les sommes nécessaires. Le payeur fait le paiement soit à son bureau, pour les petites sommes, soit au moyen de chèques sur la Banque, pour les fortes sommes.

Enfin, un contrôle complémentaire de l'emploi des deniers publics est, en outre, exercé par une espèce de Cour des comptes, appelée « Audit office ». La création de ce corps, remonte à Georges III, en 1785, et ses attributions ont été suscessivement étendues en 1831, 1832, 1846 et même en 1861, mais sa juridiction est restée très variable. Cette institution de l' « Audit office » est composée d'un président et de trois commissaires ou auditeurs, assistés de cent treize employés. Le président et les commissaires seuls sont inamovibles, nommés à vie par lettres patentes du souverain, ils ne pourraient être révoqués que sur une demande formelle adressée à la Couronne par les deux Chambres du Parlement. Leur indépendance est donc ainsi complétement assurée. Cette Cour « Audit office » doit s'assurer de la légalité de l'emploi des fonds par tout comptable, elle peut demander des explications sur les points douteux, rejeter les dépenses qui ne paraîtraient pas suffisamment justifiées. L'examen fait, les commissaires doivent faire leur rapport à la Cour de la trésorerie comme à une Cour suprême, à laquelle appartient le droit de maintenir ou d'annuler les rejets.

Enfin, chaque année de nombreux comptes, faisant connaître la situation financière, sont portés devant le Parlement, les uns conformément aux prescriptions de certaines lois, d'autres, sur la demande de membres de l'une ou de l'autre Chambre.

Nous ne pouvons pas dire si l'expérience a montré

que les mesures indiquées ci-dessus, l'examen, la discussion et le contrôle du budget anglais, ont été suffisantes pour restreindre les dépenses proposées par le Gouvernement ou réprimer les abus de l'administration. Comme en tout autre pays, si les ressources ont progressé dans la Grande-Bretagne, les dépenses y ont aussi beaucoup augmenté (1). C'est ce que l'éditeur de cette correspondance reconnaît, il porte pour le dernier quart de siècle cette augmentation de 52,000,000 £ à 80,000,000 £. Mais la mesure qui est peut-être la plus efficace pour empêcher les dépenses téméraires, nous

(1) Le *Daily Telegraph* publiait récemment (août 1878) le renseignement suivant sur l'augmentation des budgets en Angleterre. « M. Childert, l'ancien ministre du cabinet Gladstone, a demandé avant la séparation des Chambres la publication d'un document qui montre clairement, et d'une manière frappante, l'accroissement dont nous parlons. Les chiffres suivants qui donnent le total des impôts pendant les neuf dernières années, ont bien leur éloquence, ils étaient :

En 1869-70 de..................	59,994,000	livres sterling.
1870-71 de..................	60,088,000	—
1871-72 de..................	60,970,000	—
1872-73 de..................	60,011,000	—
1873-74 de..................	64,484,000	—
1874-75 de..................	62,683,000	—
1875-76 de..................	63,952,000	—
1876-77 de..................	65,156,000	—
1877-78 de..................	68,788,000	—

Soit pour la dernière année financière 1 milliard 718 millions.

Voici maintenant l'augmentation que chacune de ces années est venue apporter à la dette nationale :

En 1870-71 de..................	487,590	livres sterling.
1871-72 de..................	1,830,000	—
1872-73 de..................	385,000	—
1873-74 de..................	1,815,000	—
1874-75 de..................	,509,000	—
1875-76 de..................	6,120,252	—
1876-77 de..................	4,651,400	—
1877-78 de..................	,973,891	—

paraît être la règle qui refuse aux membres du Parlement tout droit d'initiative pour proposer une dépense ou un impôt. Au Gouvernement seul, à la Couronne seule, comme disent les Anglais, appartient ce droit, et si d'un côté le Gouvernement ne peut lever un impôt ou faire une dépense sans l'assentiment du Parlement, celui-ci ne peut voter un impôt ou une dépense sans une proposition préalable du cabinet. On n'y est pas exposé à voir, comme cela arrive dans nos Assemblées françaises, des députés poussés par leurs préoccupations électorales, proposer des augmentations de dépenses, lors de la discussion du budget des dépenses, et des réductions lors de la discussion du budget des recettes, et troubler ainsi toute l'économie d'un budget équilibré par le ministre des finances.

Loin que la Chambre basse se montre jalouse de la prérogative du Gouvernement, elle l'a encore confirmée dans une circonstance récente, où elle paraissait avoir un droit d'initiative dans une matière de finances, elle n'a pas voulu déplacer et confondre les responsabilités dans la formation du budget.

FIN.

TABLE

VERSAILLES. — IMPRIMERIE CERF ET FILS, 59, RUE DUPLESSIS.